"一带一路"开发研究丛书

总主编 ◎ 向宏 胡德平 王顺洪 徐飞

愿景与行动

"一带一路"倡议的多角度解读

汪铮 ◎ 主编

西南交通大学出版社
·成都·

图书在版编目（CIP）数据

愿景与行动："一带一路"倡议的多角度解读／汪铮主编. —成都：西南交通大学出版社，2017.4
（"一带一路"开发研究丛书）
ISBN 978-7-5643-5423-7

Ⅰ.①愿… Ⅱ.①汪… Ⅲ.①"一带一路"–国际合作–研究 Ⅳ.①F125

中国版本图书馆 CIP 数据核字（2017）第 078820 号

"一带一路"开发研究丛书
Yuanjing yu Xingdong
愿景与行动
"一带一路"倡议的多角度解读

汪　铮　主编

出版人　阳　晓
责任编辑　杨岳峰
封面设计　严春艳

印张	13.5	字数	133 千

出版发行　西南交通大学出版社
网址　http://www.xnjdcbs.com
地址　四川省成都市二环路北一段 111 号
　　　西南交通大学创新大厦 21 楼

成品尺寸　165 mm×230 mm
版次　2017 年 4 月第 1 版
印次　2017 年 4 月第 1 次
印刷　四川玖艺呈现印刷有限公司
书号　ISBN 978-7-5643-5423-7

邮政编码　610031
发行部电话　028-87600564　028-87600533
定价　55.00 元

图书如有印装质量问题　本社负责退换
版权所有　盗版必究　举报电话：028-87600562

"一带一路"开发研究丛书
编写委员会

总 主 编　向　宏　胡德平　王顺洪　徐　飞

副总主编　何云庵　陈志坚　朱健梅

编　　委　沈火明　何　川　钟　冲　邱延峻

　　　　　汪　铮　张雪永　阳　晓　孟新智

本书编写委员会

主　编　汪　铮

副主编　郑　澎　许金砖

编　委　蔡京君　陈　薇　陈丝丝

　　　　陈　曦　崔良平　梁碧波

　　　　罗　蕾　阮　琦　智新一点

　　　　周　伟　朱　炜　朱莹燕

"一带一路"开发研究丛书
创作与出版说明

一、立项说明

"一带一路"倡议如果没有找准全球发展的真实需求,她不可能在今天得到如此众多国家的支持和响应。尽管如此,寻求最广泛的共识与参与依然是我们需要艰苦努力的目标,因为这一倡议的本质是推动"五通三同":政策沟通、设施联通、贸易畅通、资金融通、民心相通以及利益共同体、责任共同体、命运共同体,在此基础上实现区域共同市场的协同发展与全球化的深入。

"一带一路"倡议尽管是一个经济发展战略和操作计划,但她明显区别于一般的全球发展概念和相应项目计划,因此,"五通三同"既是手段又是目的,只有如此,我们才能推进相关事业的螺旋递进和升华发展。

面对如此众多的国家与经济体,要建立"五通三同"的基本理解与共识并不断深化,将是一个非常复杂的浩繁系统工程。我们深知没有理论研究的超前展开和持续跟进,寻求广泛共识与普遍参与将是非常困难的。

"'一带一路'开发研究丛书"将从五个角度把握选题方向,弄清基本诉求、明晰关键问题、找准逻辑关系:一,从中国国家战略角度;二,从全球发展角度;三,从"一带一路"倡议实施的相关主体角度;四,从西南交通大学角度;五,从新基建高潮与轨道交通发展角度。

(一)从中国国家战略角度

随着改革与开放事业的循环递进,中国借助全球化契机,快速实现了城市化与工业化,也就是初步现代化。长周期高速成长的中国在今天面临如何跨越"中等收入陷阱"与"修昔底德陷阱"的巨大难题，全球经济格局的变化也给我们带来了新一轮的挑战。通过更紧密地融入世界经济体系尤其是亚非欧市场，毫无疑问是跨越两大陷阱、实现和平崛起的根本性战略选择。

2013年9月，中国国家领导人正式向国际社会提出了共建"丝绸之路经济带"和"21世纪海上丝绸之路"的重大倡议，两者合称"一带一路"倡议。近四年来，"一带一路"倡议首先在中国变成了实实在在的国家战略，从组织机制与体系到首批项目安排都全面展开，取得了阶段性成果；"一带一路"倡议不仅得到了沿线国家的积极响应，也结出了诸如亚投行、金砖银行等重大战略性、阶段性成果；2016年11月17日，第71届联大将"一带一路"倡议正式作为大会议程，这不仅标志着国际社会对它的接受，更预示着"一带一路"倡议逐渐成为全球发展的新理念与新思路，成为"千年计划"的重要操作内涵；2017年1月17日，习近平主席在达沃斯世界经济论坛年会上宣布将在北京召开"一带一路"国际合作高峰论坛，预示着中国声音、中国主张、中国方案将满怀信心地进入国际议题；刚刚结束的中美元首"海湖庄园会晤"不仅将开启中美"新型大国关系"格局下的新合作局面，还将在规划中美关系下一个45年的过程之中，探寻"繁荣中美与建设世界并行不悖"的、促进世界经济"增量再平衡"的、中美共同倡导的全球发展新主张和"再全球化"新战略，这些中美间的战略安排将促进"一带一路"倡议的全面深化和"一带一路"大市场的兴旺发达。

我们可以预计，5月14日至15日在北京召开的高峰论坛不仅是中国主场的全球性盛会，也标志着"从一带一路到人类命运共同体"的全人类"大交通"时代的即将来临，新一轮的世界经济大繁荣也许将由此开启，中国新一轮"对外求和、对内求变"的改革发展新战略同样也将由此开启；随后召开的中共十九大将是新一轮改革发展新战略的组织保障与机制深化。

（二）从全球发展角度

今天亚洲的大部分国家依然面临现代化的紧迫需求，也就是城市化与工业化的紧迫需求；美洲尤其是南美、欧洲尤其是东欧不少国家也面临同样的需求；非洲更是如此。

"一带一路"倡议的一个重要特征就是借鉴中国快速实现工业化与城市化所积累的相关经验、模式、方法以及相应的中国能力，联合欧美日等发达国家力量和沿线发达经济体力量，推动亚、非、拉为主的洲域市场快速实现赶超型的、后发优势的现代化过程。因此，"一带一路"倡议也可以说是全球市场整体实现城市化与工业化的"收尾工程"，它将迎来的是现代化的灿烂晚霞。

今天的北美、欧盟等发达国家和经济体，虽然也因就业等压力提出了"再工业化"等口号，事实上是很难收到实效的，更难发挥比较性优势。他们恰恰应该面对未来寻求超前的战略安排与新竞争力布局，通过商业模式与机制的创新实现诸多未来产业的提前成熟，并通过新兴产业与新生活方式创造全新的后工业化产业体系与新消费体系，实现经济的转型与市场的繁荣乃至社会的发展。

"一带一路"倡议的另一个重要特征就是在中美螺旋递进的战略合作机制下，依托美国发达的科技力量与教育力量，创新技术方案与商业模式，联合欧日等发达经济体力量和沿线发达经济体力量，推动中美市场为基础的、"一带一路"沿线相对发达经济体普遍参与的、超前布局的、先发优势的后现代化过程。因此，"一带一路"倡议也可以说是中美联手推动的全球市场发达经济体超前实现后工业化与后现代化的"超前工程"，它将迎来的是后现代化的蓬勃朝阳。

"一带一路"倡议的上述两大特征使其完全有可能成为"再全球化"或"后全球化"时代，实现世界经济"增量再平衡"和新一轮长周期繁荣的全球新战略，也是推动工业化往后工业化演进的文明转型工程。

（三）从"一带一路"倡议实施的相关主体角度

"一带一路"倡议实施涉及的各类主体非常丰富，同类主体又有不同的层级需求；每类主体对"一带一路"的关注、研究、参与都抱有不同的目的与不同的逻辑演进关系。

"一带一路"倡议实施涉及的产业面也相当广泛，不同区域产业链发育的成熟度又有相当大的差异，全球性产业秩序也处在总体平衡的动态调整之中，它的不确定性和不同主体扮演的龙头角色又决定了产业重组与再造所面临的企业性格的个性化。

"一带一路"倡议实施中有一个征象必须说明，那就是区域共同市场的抬头乃至区域共同市场主义的兴起，这就使我们多了一个关注的对象，那就是区域共同市场的牵头人，也许是国际组织、也许是强势国家、也许是强势企业。

"一带一路"倡议实施不能回避它对现行国际政治经济秩序的影响甚至是话语权地位的调整，既有秩序的守成方和挑战方之间的矛盾是无法回避的，关键是看新秩序的建构能不能达成挑战方与守成方的新平衡，这种新平衡的认可需要靠新思维与大主张。

我们的研究，包括因本套丛书带来的深化研究显然是不能够囊括各类主体的不同需求，当下的需求也许还能够有几分感觉，未来变化中的需求调整是很难把握的，尤其是博弈的双方在入场前后的动机变化是最难把握的，我们将尽努力挑战它。

（四）从西南交通大学角度

西南交通大学秉持120年的大交通理念，在全校师生、校友事实上已经是"一带一路"倡议项目实施的普遍参与者基础上，根据创办"双一流"大学的总体目标，提出了"以'一带一路'倡议为契机，以国家实验室为突破，全面建构大交通范畴的学科体系建设理念和有特色的世界一流大学目标"，并以此展开交大新一轮的改革发展新事业。

学校成立了"一带一路"开发研究院与"一带一路"历史文化研究院，参加了全国政协统筹的，由清华大学、国家开发银行、丝路基金等机构发起的"丝路规划研究中心"，同时与中央财经领导小组办公室保持联系，将学校机制与国家机制结合，一方面系统性、全局性展开"一带一路"研究，另一方面积极展开国家战略层面的项目实践。近期开发研究院在华盛顿组织了20位中美双方政产学人士参加的"中美民间基建合作计划专家工作组",推动中国民间资本联合赴美的"美国基建投资计划",取得中美双方高层的一致认可与褒扬。2016年年底,历史文化研究院应梵蒂冈教皇邀请赴梵展开"中梵丝绸之路历史文化研究",不仅取得了阶段性成果,还建立了与梵方多个机构的长期合作机制,2017年5月将组织北大、北师大、北外、中国红楼梦研究会、中国曹雪芹研究会等中方专家与梵方教皇大学、梵蒂冈博物馆展开系列研讨会与课题合作,推动"一带一路"历史文化研究上台阶、创品牌。

两个研究院在工作中发现虽然"一带一路"倡议的实践已经走在前面,但理论研究尤其是系统理论研究与理论准备明显不足,落后于实践。我们认为"一带一路"倡议是在全球化发展转型期、全球性工业化与现代化步入后发阶段、后工业化与后现代化步入先发阶段、崛起大国与守成大国进入相持阶段、世界经济正在由失序的不平衡走向有序的再平衡过渡阶段等多个特殊时期提出的。面对这样一个特殊时期,既需要有突破的理论思维与主张,也需要表达核心主张的理念阐述、更需要有逻辑的操作方案且要照顾不同主体的真实需求与思维习惯。

基于上述观点,两个研究院提出了由"智库型模式"起步并逐渐过渡到"智库与教学结合模式"的发展思路。一方面通过智库拓展与"一带一路"相关主体尤其是市场主体的紧密互动关系,进一步找准两个研究院的操作性定位;另一方面组织编写"'一带一路'开发研究丛书",聚集研究资源、提出研究思路、创新研究方法、服务战略实施,在此基础上,进一步找准两个研究院的学术定位。与此同时,动员与统筹全校力量、五所交大的协同力量和成都地区、西南地区高校力量,乃至"一带一路"关联地区大学力量和"大交通"关联的全球性力量参与研究与智库活动。

通过两个研究院对"一带一路"倡议的系统研究,我们越来越发现不仅"一带一路"所关联的亚洲、非洲、欧洲尤其是中东欧普遍面临基础设施先行带动的城市化与工业化快捷发展的后发现代化的总体需求,整个美洲包括北美同样存在如此需求。我们注意到伴随中美合作关系的升级,世界性的新基础设施建设高潮即将掀起。

也许它发端于中美两国的基建升级、繁荣于"一带一路"直接推动的亚非欧"世界岛"。

两对新一轮的基建浪潮，在后发现代化国家最重要的表现特征是"大交通"推动的城市化与工业化；在先发现代化国家和地区如美、欧、日等以及中国部分地区，表现特征是"新型大交通"推动的新空间布局与新产业布局。

"大交通"强调依托高铁及城市轨道交通串联形成的城市带、产业带以及在此基础上的特色城镇群与特色产业群；"新型大交通"强调依托磁浮等新型轨道交通实现大都市与特色卫星小镇的快捷连接，重构都市空间格局与新产业布局，除此之外还包括空地一体化新型交通格局带来的"未来城市"的兴建。

由此看来，"新型轨道交通"将是"大交通"与"新型大交通"的基础解决方案，西南交通大学在轨道交通领域的全国性地位乃至全球性地位决定了它的特殊角色。

高铁尤其是时速 300 公里左右的常规高铁，虽然是新型轨道交通的重要组成部分，但它的研发体系和产业体系已基本成熟，交大要做的工作更多的是补充与完善。交大要在升级版的超级高铁，重载铁路，第二代中低速磁浮列车、高温超导磁浮列车等磁浮轨道交通多样化应用，空铁等多制式城市轨道交通，国防特种运输装备，真空管道超高速轨道交通（1000 km+），现代有轨电车、虚拟有轨电车等"新型轨道交通"方面聚集研究力量与市场力量，不仅创中国"双一流"大学，还要创世界第一的"新型轨道交通大学"，以此带动交大综合能力的全面成长，用全球性基建高潮的大势推动交大成为国际一流研究型大学与智库型大学。

为了实现上述目标，尤其是在"新型轨道交通"产业体系成型之前，交大不仅要为学术体系的完善发挥独特作用，也要为标准体系的完善发挥关键作用，更要为市场体系的超前布局发挥先锋作用。因此，尽快组织战略投资人一步到位形成大资本介入的"中国新型轨道交通集成集团有限公司"显得尤为重要与迫切。它是学术、科研、产业良性循环的重要一环，在一个全新产业孵化之初，这样的机制更显得尤为必要。

（五）从新基建高潮与轨道交通发展角度

伴随中美合作新格局的来临、"一带一路"倡议的全面实施，一场启动于中美市场、繁荣于"一带一路"市场的全球性基础设施建设高潮即将来临。交通，毫无疑问是先行工程，轨道交通尤其是高铁和城市轨道交通又是先行工程中的先行工程。

中国已经有大大小小的若干行业取得了全球规模与技术的领先优势，在大行业领域取得市场领先优势的还是凤毛麟角，中国高铁与城市轨道交通是我们最自豪的佼佼者，它事实上成了全球有目共睹的中国基础设施建设能力的核心能力。我们的尴尬在于为我们这一产业巨大市场优势做出贡献的主要还是国内市场，而大步走向全球市场才是我们轨道交通产业真正成熟的标致。

我们靠国内规模市场优势做大了产业，但还没有做强，关键问题出在应用研究与基础研究的相对滞后，深层问题又在于研究力量的协同与组织机制的困扰，更深层次的问题在于应对全球竞争、大国竞争到底应该有怎样的产业发展战略与机制保证。

培育优势企业、打造优势产业毫无疑问是国家竞争力战略与新一轮改革发展的关键能力需求与基础能力需求；中国高铁与城市轨道交通因市场规模所积累的丰富经验与综合能力，使其成了市场潜力最大的优势产业和企业集群，这样的综合优势产业相对而言实在太少；它过去的成功，一是靠大胆决策、超前超规模展开、用暂时的亏损换取中国城市化与工业化整体能力的快速提升等巨大综合收益，二是靠产学研资源的系统性长期积累；现在的问题，浅层面看是过于依赖国内市场、进入国际市场依然面临技术经济多项指标的竞争压力，深层次看表现为产业、科研、教育整体协同机制与定位出了问题，基础科研与新技术孵化跟不上市场的变化与需求；市场大势来了，它启动于中美新一轮的基建合作计划，繁荣于"一带一路"基础设施建设的先行；需求来了我们从何下手，只能是一方面尽最大努力抓市场，另一方面抓产业与应用研究能力提升，但这需要一个过程；综合而言，从教育突破相对容易、逻辑也比较顺畅，中国轨道交通教育、科研、产业综合体系离世界第一只差一步，教育水平离第一目标相对更近，教育水平的整体提升必然带来基础研发与新技术孵化的能力跃升，直接推动产业规模优势变成性价比优势、技术优势、品牌优势，全球第一的教育品牌更便于整合各类相关主体与不同阶段的科研资源，有利于突破产学研整体能力的协同性障碍；通过世界第一的轨道交通大学和相关研究体系，带出世界第一的优势产业和企业集群不仅可行且战略意义重大，如此安排"一带一路"倡议与"中美基建合作计划"就能快速取得丰富的早期收获。

二、选题原则与创作力量的组织

在今天看来，"一带一路"倡议既是一套中国发展战略，也是一套全球发展战略。两者之间是一个相辅相成的关系：中国战略必须有清晰的国际逻辑，否则没有操作性；全球战略必须要有一定的中国因素，否则同样操作性不强。中国不仅仅是"一带一路"的倡议者，更是市场要素资源组织的基础环节与关键环节，也是新机制的建构者与新方法的始创者。

选题原则要兼顾理论与理念、政府与市场、经济与技术、工业化与后工业化、现代化与后现代化、全球化与后全球化、经济与社会、历史与文化，还要兼顾宏观与微观、战略与战术、理论与实践、国家与地方，更要兼顾国际与国内、长远与现实、区域与国别、产业与项目、产业与金融、大企业与小企业、金融体系与金融产品、金融市场与资本市场等多方面。要从这些关系中抽象出选题要义，安排好出书计划的时间序列与分类序列。

"'一带一路'开发研究丛书"总体采取命题研究的创作形式，创作力量首先是以西南交通大学为首的大学力量，包括五所交大、成都、四川、西南地区相关高校和北京地区相关高校等，其次是国内外从事相关问题研究的各类专业人士。

我们特别注重寻找相似题目的著作者，由他组织研究力量结合我们的战略意图进行再创作。如此安排不仅有利于快速形成研究成果，更有利于思想碰撞、观点交锋与学术深化。

由于"一带一路"概念本身是一个操作性概念，因此方案策划与设计显得尤为重要，许多选题将采取"研讨会"形式展开，由主创人员邀请相关专家共同研究"方案设计"，这样不仅使其研究成果的应用价值得以大大提升，还方便阅读，方便相关人员依不同角色进行资讯的取舍。

如何创新研究形式与课题创作形式是我们接续关心的重要问题，通过它可以使选题的资讯内涵与价值内涵得到最大化发挥。

"'一带一路'开发研究丛书"的编写过程本身也是西南交通大学"一带一路"开发研究院与西南交通大学"一带一路"历史文化研究院创立、研究力量组织、定位精准、方法论形成、智库品牌创立、超级项目能力形成、超级项目模式建立的过程，也是交大产学研模式升级发展的过程，更是中国"一带一路"倡议完善的过程。

我们希望本套丛书能有效服务整个"一带一路"倡议的深度认知与中国"一带一路"倡议的深化。它重在系统基础上的早期行为推动，也不排除在若干年后通过实践的总结形成第二套丛书。我们希望借此丛书的创作为"实验政治学"、"发展经济学"、"产业经济学"、"公司经济学"、"方案经济学"以及"现代化理论"与"后现代化理论"、"大交通理论"、"文化人类学"与"空间人类学"等学科的理论建设做出贡献，更希望为"一带一路"倡议建构起系统的理论体系。

三、选题分类与计划

"'一带一路'开发研究丛书"按九大类方向进行选题规划：一是核心理论与主张系列，二是总体战略系列，三是大国与域内经济体相关理念与主张系列，四是新理念与行动系列，五是人文历史系列，六是中国改革开放新战略系列，七是中国新市场理念与战略转型系列，八是智库与媒体系列，九是轨道交通系列。

编委会初步拟定了九大类100多个选题方向，主要是便于著作者参考与选择，整个丛书计划控制在100本以内，编委会与著作者在互动中确定最终选题与研究计划和写作提纲，双方取得一致意见后再进行具体的研究与写作工作。

编委会初步拟定的 100 多个参考选题也将在研究深化过程中不断调整与修改，此次提出的如下选题旨在打开研究视野、明确九大分类的逻辑关系，为首批计划的推出建构参照坐标。

（一）核心理论与主张系列

1. 文明与产业：从工业化与现代化走向后工业化与后现代化
2. 新规则：工业文明与后工业文明的胶着与转型
3. 新贸易论：国家间的竞争与改变世界的基础力量
4. 国是与生意：超级项目与超级资本在未来十年将如何改变世界
5. 停滞与繁荣：摆脱政治困扰，迎接新商业力量带来的世界性繁荣
6. 十字路口：新国家为何官僚化以及特朗普可能的再设计与再改变
7. 一千个理由：中美始于现实主义繁盛于新商业主义的战略合作
8. 窗口期：习近平、特朗普可能带来的改变与行进中面临的巨大压力
9. 一带一路：中国经验与中美欧能力结合的后发现代化道路
10. 拥抱：摆脱冷战思维的大国战略
11. 科莫湖：湖边散步，对话美中欧新世界体系
12. 增量再平衡：中美战略对话的全球性议题与机制构想
13. 大交通：从"一带一路"走向人类命运共同体
14. 实践社会主义：在制度竞赛的反省中寻找超越第三条道路的新方向
15. 人类命运共同体：通过经济繁荣导向新普世价值的全球共识

（二）总体战略系列

16. 竞争力报告："一带一路"相关国家与经济体现实能力的总体评价

17. 增长热点：金砖、金钻、灵猫、展望、薄荷、迷雾等概念的研究
18. 全球化与区域贸易协定：五百多个区域贸易协定(RTA)的来龙去脉
19. 超大区域的 RTA：欧盟、APEC、东盟、北美自贸区、TPP、TPIP 等概念研究
20. WTO 波澜起伏：从全球化到再全球化
21. 多国的规划：来自欧洲、亚洲、非洲以及美国的丝路规划方案
22. 总体需求：亚非拉对城市化与工业化的渴望
23. 融合与创新："一带一路"倡议在数百个区域贸易协定基础上的提出
24. 解释"一带一路"：早期实验、正式提出、逐渐成型与相对稳定
25. 战略对接："一带一路"倡议与相关国家战略及区域战略的衔接
26. 新循环体系："一带一路"创造的全球经济新运行格局
27. 世界的试验：后发城市化与工业化的中国经验与教训
28. 新动力与新空间：超级资本推动新兴产业与新生活方式的提前繁荣
29. 收尾与超前：工业化的后发模式与后工业化的先发模式
30. 信风：新一轮全球性基建高潮的来临
31. 世界岛：梦想在大资本时代中美欧合作格局下实现
32. 支撑体系：丝路新时代的节点城市与产业体系
33. 产业分工：联合国的三级工业分类与"一带一路"的分工体系
34. 园区模式：花样繁多的园区概念与中国式的产城融合体
35. 生根开花：中国在"一带一路"超前布局的 80 余个经贸合作区

（三）大国与域内经济体相关理念与主张系列

36. 特朗普新政：保守主义与现实主义的当下立足与新商业主义的未来发展

37. 改造世界的特朗普：问题意识、逻辑力量与方法论
38. 脱欧之后的再定位：英国在欧盟与新欧亚非一体化市场中的再定位
39. 再造优势：德国借助"一带一路"提振欧盟的新思路与新战略
40. 岛国求变：日本在新外交格局下重构一体化市场的理念与方略
41. 新一轮合作：中韩在"一带一路"大市场体系中谋求新合作格局
42. 海陆互动：新加坡在强化海权优势基础上的陆权联盟式扩张
43. 华丽转身：中东石油大国在"一带一路"机遇下的战略转型
44. 印度：寻求深度认知与理解，探寻全面结构性合作
45. 欧洲图强："一带一路"理念下的东进战略与欧亚非市场共同体
46. 欧亚非经济联盟："一带一路"倡议作为手段与目的
47. 亚洲共进论：区域与次区域共同市场带来的亚洲繁荣

（四）新理念与行动系列

48. 国别经济："一带一路"倡议实施的认知前提与基本能力
49. 产业经济："一带一路"倡议实施的关键环节与核心动力
50. 区域共同市场：后全球化过渡期的市场特性与趋势前瞻
51. 新图景：区域共同市场与主体功能区
52. 经济地理革命："一带一路"串起的区域共同市场体系
53. 不确定中的求索：国际货币太阳系的瓦解与新体系的建构
54. 人民币国际化：从贸易货币、投融资货币走向储备货币
55. 亚投行：全球开发性金融的新角色与新模式
56. 丝路基金：中国由贸易大国向投资大国转型的引导性基金
57. 并驾齐驱：贸易与航运的波罗地海指数与海上丝略指数
58. 新模式：中美欧高科技合作1.0与2.0互动机制
59. 六大走廊：概念性规划基础上的深度研究

60. 第三欧亚大陆桥：穿越亚洲人口密集地区连接中欧的新通道

61. 捷径：北极航线、克拉地峡运河等海上丝路新通道构想

62. 哑铃战略：十余趟中欧班列连接两个扇面的城市群与产业群

63. 管道丝路：中国与俄缅哈土等国油气管道创造的新开发模式

64. 东西方之桥：土耳其在"一带一路"倡议中的重新定位

65. 比雷埃夫斯港：海上丝路港城连接的中东欧新通道

66. 科伦坡再造：海上丝路中转大港的新发展计划

67. 中白工业园：白俄罗斯的新中心城市与丝路明珠

68. 苏伊士新区：中埃合作的新型经贸合作区与海上丝路的节点城市

69. 瓜达尔港城：一个面向三个大市场的超级工业基地与商贸大城

70. 先走一步：中国在非洲的基建与产业发展

71. 雅达瓦伦油田：中国超级油田海外合作的里程碑

72. 印度钢铁：崛起大国的钢铁产业快发之路与后发之路的双轮驱动

73. 班加罗尔：软件产业聚集区与中国互动的互联网+

74. 有机农业：远东布局的生产基地和全球市场

75. 台湾价值：超级项目合作重塑两岸关系

76. 巴拉望的后现代生活：与增长中心配套的热带海滩度假城与非现场工作基地

（五）人文历史系列

77. 曾经的辉煌：东西方商路连接的古丝绸文明

78. 大航海时代：洲域经济的交流与早期的全球化

79. 从历史走来：始于《中国》的西方关于中国的描述

80. 西方视野的中国：大历史、大文化与大战略的观察

81. 丝路传奇：千百年来西方人的丝路著述与故事

82. 历史的拐点：中国在世界交往中的失落

83. 盛宴：中国艺术在古丝路的辉煌与新丝路的繁盛

84. 梵蒂冈使臣:罗马在东西文化交流中的历史角色与未来设想

85. 大历史定位:"一带一路"倡议的历史延续与未来穿越

86. 横断山总体价值论:建构地球终极资源与全人类明天需求间的大逻辑框架

87. 第三空间浪潮:透过若干经典案例解构建构空间人类学

88. 伊甸园:大香格里拉的后现代憧憬

89. 腾冲:古丝路历史文化要冲与新丝路的重新定位

90. 生活大国:四川的尝试与即将到来的中国新战略

91. 艺术的胜利:重庆都市调性的改造与竞争力的勃发

92. 复兴邻里社会:智慧城市与中小微企业新发展浪潮带来的社会变革

(六)中国改革开放新战略系列

93. 第二轮开放:对外求和与对内求变的新战略

94. 愿景与行动:"一带一路"倡议的多角度解读

95. 冷思考:"一带一路"深层问题与关键问题梳理及求解

96. 战略定力:中国策略的宏微观梳理与系统执行

97. 创新驱动:内外市场互动的创新机制与模式

98. 循环递进:"一带一路"倡议创造的内外市场及大中小企业协同发展的新契机

99. 早期收获:"一带一路"倡议的有感化与阶段性递进

100. 企业生态:良性发展的基础与深化改革的关键

101. 工业强国:增量再平衡全球机制下中国制造业的转型升级

102. 并非夸大的使命:中国商业力量的成长与未来使命

103. 新亮点:口岸贸易与自由贸易区

104. 利益维护:中国"一带一路"倡议下的海外利益维护

105. 海外中国:中国跨境投资的现状与未来战略

106. 华人血脉:"一带一路"华侨资本的关键作用与利益安排

(七)中国新市场理念与战略转型系列

107. 第一战略:推动优势产业冲击第一目标与市场覆盖

108. 并购与整合：中国制造业升级的价值再造与战略重组

109. 战略投资：时髦概念背后的深层功夫与系统能力

110. 机会投资：战略理念与能力支撑下的短线投资

111. 平台公司：多元化的实践与逐渐清晰的能力特征

112. 全球并购：躁动下的冷思考与趋势前瞻

113. 新央企：政治定位清晰后的市场行动

114. 改造与担待：中国上市公司与机构投资人的非常使命

115. 企业家：一个价值被忽略的特殊阶层与关键力量

116. 资本聚集："一带一路"超级项目导向的中国证券市场改革

117. 资本时代："一带一路"开启的中国跨境投资新天地

118. 聚变：郑州如何由超级货运空港演变为航空大都市

119. 于家堡：一个为京津冀融合发展和"一带一路"国别总部而定制的未来城市

120. 发现新疆：双经济走廊概念与超级项目聚集的循环递进

121. 双主题战略：云南在大通道与新生活中央高地两大概念下的再定位

122. 两洋通道：云南如何做好第三欧亚大陆桥与泛亚通道的大文章

123. 深圳谋变：基于现状与可能背景下的超级项目都会

124. 大湾区：新全球经济格局下粤港澳的再定位与一体化

125. 重庆战略力：国企与民企两个战略平台的双轮驱动

126. 多元中关村：欧美日俄以等国多点布局的超级项目孵化基地

127. 智慧城市：以非现场工作为基础的智慧化改造与不断升级

128. 大湾区的香港：在"一带一路"倡议下诉求金融深化与服务贸易升级

129. 装备制造业："一带一路"上的升级版与内外市场的互动

130. 服务贸易："一带一路"倡议下的内外市场联动与大布局

（八）智库与媒体系列

131. 力量的整合：中国与"一带一路"相关研究力量的价值发现与重组

132. 中国丝路开发研究基金会:"一带一路"倡议门户型智库的价值主张与方案设计

133. 峨眉论坛:面向"一带一路"的开放论坛与新型国际组织

134. 峨眉论坛大学:创新组织模式与教学模式的"一带一路"国际人才培训基地

135. 超级项目论:中国在后全球化过渡期的非常机遇与方法

136. 超级项目前期:"一带一路"倡议系统推进的关键能力

137. 超级项目智库:政产学融合的前期孵化机制与绿色通道

138. 开发性金融:"一带一路"创造的新模式与新空间

139. 顶层智力:全国政协精英人才在"一带一路"基础研究上的价值最优化

140. 战略精英:复合型人才在非常时期的非常作用

141. 智力丝绸之路:"一带一路"沿线的大学合作

142. 再出发:面对国家总体竞争力与战略安排的高校改革

143. 全球战略(华盛顿)研究院:设计中美欧如何联合创办新型智库

144. 丝路传媒集团:"一带一路"全域布局的新媒体集团方案设计

145. 丝路通讯社:"一带一路"全域布局的新模式通讯社方案设计

(九)轨道交通系列

146. 轨道交通:昨天的辉煌、今天的重任、明天的浪漫

147. 高铁主义:轨道交通与公路网络的良治后发模式

148. 新型轨道交通:现代化国家与地区交通能力提升的新选择

149. 轨道交通:全系列的中国制造与超级项目模式的中国投资

150. 泛亚铁路:交通体系联动区域共同市场的城市群和产业带

序言 preface

"一带一路"倡议的提出,并不是一时的心血来潮,它所饱含着的是中华民族两千多年以来的美好祈愿。

这个祈愿,要从距今两千多年的汉朝说起。提及汉唐,华夏儿女都有一种由衷的自豪,特别是汉武帝时期攘夷拓土、国威远扬,东并朝鲜、南吞百越、西征大宛、北破匈奴。然而盛世空前之下,难以掩盖的是穷兵黩武的后患,苛税重徭,民贫国穷……战争埋下的仇恨的种子仍在不断生发,汉武强盛不过是史书上万世歌颂的华胥之梦,内里早已被蛀蚀一空。

当昔日汉武的丰功伟绩所产生的后遗症在日渐式微的汉室统治上逐渐暴露出来之时,战争的另一副产品——一场意外的外交,却逐渐引起了人们的注意,即张骞出使西域,本意是联合西域诸国夹击匈奴,但最后的结果却是开启了人类历史上最伟大的经济带之一——丝绸之路。于是来自中国的丝绸、瓷器、茶叶……沿着这条"黄金之路",走向遥远的欧洲,而苜蓿、葡萄、胡萝卜等等则在中国的大地上生根发芽。

"何如一曲琵琶好,鸣镝无声五十年。"张骞的功绩固然值得后世永远铭记,然而这条伟大的经济路线的开通,却远非一人之功,而是人们自然而然的选择。想要拥有物质丰盛、和平安定的生活,而非烽火硝烟、干戈不止的战争,是人们共同的愿望。于是,用交易代替掠夺,是理所当然的结果。

当下的世界局势,与汉武盛世有着诸多的相似性。自工业革命以来,科技以爆炸式的突破彻底改变了人类的生活方式。但相比于改善人民的生活状况,野心勃勃的政治家们则更关注国家势力的扩张,在工业化的推动之下,无数的战争机器被以最高的优先级开发出来,一战、二战乃至如今的恐怖危机、地缘局势动荡、宗教问题等等,使整个世界陷入了无休止的战争与暴力冲突之中。过去,人类所渴望的物质生活的满足、劳动的替代等一系列梦想,如今通过科技之力完全可以得到实现,但人类却似乎并没有因此而获得幸福,反而因为这无休止的战争与暴力冲突而倍感恐慌与疲惫。这不得不让我们再一次地对人类过去甚至现在的所作所为产生一系列反思,我们是否真的该建立一种弱肉强食、丛林法则的世界秩序?我们是否一定要用武力征服、建立霸权来维系一种风声鹤唳、草木皆兵式的安全感?人类是否可以达成一种共识,消弭冲突、互利共赢?

"人类命运共同体"这一概念，就是在这一反思的基础上所提出的。2013年3月，中国国家主席习近平在莫斯科国际关系学院发表演讲，提出："这个世界，各国相互联系、相互依存的程度空前加深，人类生活在同一个地球村里，生活在历史和现实交汇的同一个时空里，越来越成为你中有我、我中有你的命运共同体。"此后，这位中国新一届领导人不断在各种场合对"人类命运共同体"这一概念进行阐释。这一概念的提出，代表了一个正在崛起的大国对人类文明的未来走向提出的思考和判断。这一思考与判断，简而概之，是以构建一种新型开放式的经济体系而达到国与国之间的合作与共赢。这一点，在中共十八大报告中被明确提出："合作共赢，就是要倡导人类命运共同体意识，在追求本国利益时兼顾他国合理关切，在谋求本国发展中促进各国共同发展，建立更加平等均衡的新型全球发展伙伴关系，同舟共济，权责共担，增进人类共同利益。"

以经济发展的力量解决战争冲突，这不禁让我们想起了两千多年前，那条第一次让国与国之间达成共识、共同发展、合作共赢的"丝绸之路"。事实上，人类历史上的诸多事件都显示，交通的蔓延与发展必将带来经济、政治与文化的大发展与大融合，其中最具影响力的，必属大航海时代的来临。

新航路的开辟是大航海时代的标志事件，15至17世纪，欧洲的船队出现在世界各处的蓝色海洋上，寻找着新的贸易路线和伙伴，发展新生的资本主义。地理大发现产生了空前影响，欧洲与世界的经济、政治领导权不断更替。最初，地中海地区的权力和财富掌握在意大利城邦手中；之后随着君士坦丁堡的陷落，阿拉伯人开始称霸地中海；后来，葡萄牙与西班牙进行了环球航行，一跃而起，19世纪，法、英、荷三国开始主导大西洋贸易，最终促使资本主义与工业革命在全球范围的发展。而工业革命带给人类命运的改变，是毋庸赘述的。

在历史经验的基础上，"一带一路"的提出和"丝绸之路"或新航路的开辟有着相似的意义。从"一带一路"到"大交通"的国家战略，必将终止山脉横断、云烟阻隔的历史，交汇起广阔的东亚、中亚、南亚与东南亚的腹地，沟通印度洋与太平洋地区高度多样化的经济、社会与文化资源。可以说，伴随以高铁为代表的"一带一路"倡议的推进和"大交通"的发展，中国的国家力量与战略地位必将得到大幅提升，这是与大航海时代相比更加辉煌的未来。

"一带一路"和"大交通"带来的是全球范围内经济与技术、产业与社会、政治与文化的大融合，与大航海时代西方以坚船利炮的方式迫使人类开启新的篇章相比，"大交通"时代的中国，将以极为平和的方式，站在"人类命运共同体"的角度上，对世界做出特殊贡献。一方面，在工程建设上，中国高铁建设技术能力、通信技术能力可以为广大的发展中国家提供重要支持；另一方面，

"一带一路"的形成、交通与其他基础设施的跨越式发展又可以促进这些国家的经济社会发展，最终促进人类文化的全方位交流与深度融合。"大交通"时代的交流技术实际上超越了机器、电气时代的传统基础技术，为世界各国文明的进一步演化提供一条崭新的技术解决路径。事实上，"大交通"时代的高速铁路对于人类文明的加速度肯定会超越大航海时代的帆船，为人类经济社会发展提供动力。

因此，我们可以对"一带一路"的中国方案满怀愿景。

目录 contents

第一章　丝绸之路的过去、现在与未来……………001

　　第一节　历史上的丝绸之路………………… 001

　　第二节　"丝绸之路经济带"和

　　　　　　"21世纪海上丝绸之路"………… 015

　　第三节　"一带一路"倡议的重大意义……… 031

第二章　道路与模式："一带一路"倡议开创

　　　　合作共赢新时代………………………040

　　第一节　"一带一路"倡议开启和平发展新路径… 040

　　第二节　"一带一路"倡议与和平发展新模式…… 047

　　第三节　"一带一路"倡议与中国可持续发展… 057

第三章　经济与政治………………………067

　　第一节　地缘政治视角下的"一带一路"倡议… 067

第二节　"一带一路"倡议的地缘政治观 ………… 072
　　第三节　"一带一路"倡议的地缘经济观 ………… 081

第四章　文化与教育 …………………………………… 092
　　第一节　文化交流是"一带一路"的灵魂 ………… 094
　　第二节　教育是文化交流的重要平台，为
　　　　　　"一带一路"提供人才支撑 ……………… 112

第五章　海洋与陆地 …………………………………… 123
　　第一节　云帆沧海　共赢发展 ……………………… 124
　　第二节　面向内陆　海阔天空 ……………………… 133

第六章　国家与人类 …………………………………… 152
　　第一节　世界大趋势：从暴力征服到合作时代 …… 153
　　第二节　为世界许诺一个更美好的未来：
　　　　　　迈向人类命运共同体 …………………… 161
　　第三节　中国方案："一带一路"倡议 …………… 167

参考文献 ………………………………………………… 180

第一章 丝绸之路的过去、现在与未来

第一节 历史上的丝绸之路

丝绸之路，简称"丝路"，起始于古代中国，是历史上横贯中西的交通线路，它连接亚洲、非洲和欧洲，是古代中国与外国交通贸易和文化交往的通道。狭义的丝绸之路是指西汉时期，由张骞[①]开辟的以长安或洛阳为起点，经甘肃、新疆，到中亚、西亚，并联结地中海各国的陆上通道；广义的丝绸之路指从上古开始陆续形成的，遍及欧亚大陆和北非、东非的长途商业贸易和文化交流线路的总称，包括陆地丝绸之路和海上丝绸之路。这些东西方交通要道将中国与世界紧密联系在一起，经过几个世纪的不断拓展，成为亚、非、欧各国间经济和文化交流的友谊之路。[②]

[①] 张骞（前164年—前114年），字子文，汉中郡城固（今陕西省城固县）人，中国汉代杰出的外交家、探险家。

[②] 丝绸之路. http://baike.baidu.com/view/1239.htm?func=retitle；东西文化交流古道：丝绸之路7 000公里. http://tech.qq.com/a/20100120/000365.htm.

一、古丝绸之路的开通

(一) 张骞凿空西域

> 大宛之迹,见自张骞。张骞,汉中人。建元中为郎。是时天子问匈奴降者,皆言匈奴破月氏王,以其头为饮器,月氏遁逃而常怨仇匈奴,无与共击之。汉方欲事灭胡,闻此言,因欲通使。道必更匈奴中,乃募能使者。骞以郎应募,使月氏,与堂邑氏胡奴甘父俱出陇西。
>
> ——《史记·大宛列传》

西汉建元二年(公元前139年),应募出任使者的张骞,奉汉武帝之命,带领一百多名随从从长安出发出使月氏国,欲联络月氏王朝共同抗击匈奴。张骞一行风餐露宿,日夜兼程,一路西进。进入匈奴境内后,遭遇匈奴骑兵,张骞等人全部被俘,被押送到单于王廷,开始长达十余年的软禁生活。十年间,张骞忍辱负重,矢志坚守,虽娶妻生子,但仍不忘初心,时刻牢记此行使命。①

随着时间的推移,匈奴对张骞的监视日渐放松,公元前129年,张骞等人趁机逃离,继续西进。他们以常人难以想象的毅力,

---

① 吕志华. 凿空西域——西汉伟大的外交家张骞. http://www.pep.com.cn/czls/xs/tbxx/ck/7s/201008/t20100827_805794.htm.

穿越人迹罕至的沙漠戈壁，翻过冰天雪地的帕米尔高原，历经千辛万苦，来到了大宛国（今乌兹别克斯坦费尔干纳）。大宛王很早便听说东方有个富饶强大的国家——西汉王朝，数度设法联络，皆因路途遥远，交通不便，终至失败。因此，当听说汉朝使者到来时，自是大喜过望，热情地接见了张骞。在其帮助下，张骞顺利到达月氏国。但当时月氏国人民安居乐业，久疏战阵，不愿再东进和匈奴作战。张骞未能说服月氏王朝共同夹击匈奴，但此行却意外获得了大量西域各国的人文地理知识。

公元前128年，张骞一行在返回长安途中再次被俘。直到公元前126年，他们才趁匈奴内乱逃了出来，回到汉朝。

张骞此行历时13年，当初从长安出发的一百余人中只有他和匈奴族随从甘父两个人回到汉朝。回到汉朝后的张骞将见到的大宛、大月氏、大夏、康居等国的风土人情和物资特产一一向汉武帝陈述，激起了汉武帝对西域的浓厚兴趣，司马迁对张骞的首次西行给予了很高的评价，称之为"凿空"之旅，即空前的探险，是汉民族对西域的首次探险，它开辟了一条横贯亚洲的交通要道，这条道路被后人称为"丝绸之路"。

公元前119年，汉朝已经基本控制了河西走廊，为了彻底击溃匈奴，汉武帝再次派遣张骞率团出使西域，以游说乌孙国重回敦煌一带，与汉朝共同对匈奴形成夹击之势。虽由于当时乌孙国内政治形势错综复杂而未能如愿，但此行又大大增强了汉朝对周边大宛、康居、月氏等西域国家的了解。四年后，张骞偕同乌孙使者返抵长安，乌孙使者亲睹汉王朝众多的人口、丰富的物产以及繁盛的贸易和璀璨的文化，大为赞叹，回国后如实向乌孙王做了汇报。从此，乌孙与汉朝的来往逐渐密切起来。随着对西域的交往增多，汉朝派出更多的使者前往波斯、印度、条支、犁轩等更远的国家，以增进彼此了解。

随着互访和贸易的建立和发展，汉朝与西域各国交往的目的发生了重大改变，由最初联络他国打击匈奴变成了"广地万里，重九译，致殊俗，威德遍于四海"的强烈愿望。汉朝鼓励国民前往西域各国经商并为其提供便利，大部分先行者在与西域国家的商贸交易中获得了大量财富，成了富商巨贾。而这又吸引了更多人投身其中，极大地推动了中原与西域间的物质文化交流，同时西汉王朝收取贸易关税，国库得以充实，国力得以增强。

随着东西方贸易日益频繁，人员交往逐渐增多，慢慢地在这块人烟稀少的土地上开辟出了一条商贸通道。但这条通道并不太平，时常受到匈奴的袭扰和强盗的劫掠，给东西方贸易带来了极大的困扰。直至公元前60年，西汉王朝在乌垒城（今轮台县）建立西域都护府，才彻底掌控了局面，将西域地区的区域经济整合到汉朝的经济体系之中。

通过这条贯穿亚欧、长逾 7 000 公里的商贸大道，西域的地毯、毛织物、宝石、金银器、玻璃制品、珍珠等各类奇珍异宝和著名的汗血马得以进入汉朝。现在我们常见的葡萄、苜蓿、胡麻、黄瓜、胡椒、胡桃等，都是那个时期从西域传到中原的。而中国的丝织品、瓷器、漆器等源源不断地运向西方。当时，丝绸在西方受到狂热追捧，古罗马市场上丝绸的价格甚至可以和黄金相比，成为皇室、贵族争先追逐的奢侈品。东西方文明的结晶在这条商贸大道上来回穿巡，极大地丰富了人们的物质文化生活。同时，也让中国的汉唐盛世威名远扬，散发出丝绸般的光芒。

1877 年，德国地质地理学家李希霍芬在《中国》一书中，把公元前 114 年至公元 127 年间，中国与中亚、印度间以丝绸贸易为媒介的这条交通道路命名为"丝绸之路"，这一称谓很快受到学者和大众的认可并正式运用。

张骞也因开辟了"丝绸之路"被朝廷封为"博望侯"。

汉朝时的丝绸之路，东起长安（今西安）或洛阳，经河西走廊出玉门关或阳关。出关后，北道可行至疏勒（今喀什），南道经于阗（今和田）、越葱岭（今帕米尔）至大宛（今费尔干纳）。由大宛继续西行可至大夏（今阿富汗）、粟特（今乌兹别克斯坦）、安息（今伊朗），最远到达大秦（罗马）。这条在张骞两次出使西域以后形成的丝绸之路的基本干道,在后来的朝代中不断拓展和变化。

(二)班超①经营西域

到了西汉末年,社会矛盾日益加剧,特别是公元17年后,王莽改制失败,中原混乱,西域局势也受其影响,动荡不安。北方匈奴乘机崛起并逐渐控制了西域,断绝了丝绸之路的交通。东汉时期,大将窦固受朝廷之命凿通丝路。在这次凿通丝路的过程中班超立下了汗马功劳。

永平十七年(公元74年),班超受命出使鄯善国,欲联合鄯善共同抗击匈奴。在鄯善期间,不巧匈奴也派来使者,匈奴使者要求鄯善王杀汉使。鄯善王畏惧匈奴,对班超一行态度大变。班超察觉到情况危急,临机决断,斩杀匈奴使者,并呈其头于鄯善王面前。鄯善王见汉使如此英勇强悍,随即转而对汉朝称臣。其后,窦固、班超率汉军击败北匈奴,于阗、疏勒、车师等西域诸国见势也纷纷归降。丝绸之路得以重新贯通。

在随后的半个世纪中,由于国际时政的变化,丝绸之路曾两度因失陷于匈奴而中断,但均被班超、班勇父子顽强夺回,重新

---

① 班超(32—102),字仲升,扶风郡平陵县(今陕西咸阳东北)人,史学家班彪的幼子。东汉时期著名军事家、外交家。

设置了西域督护府,并颁布种种措施,为丝绸之路的安全、畅通提供了有力的保障。西域各国也因此得以休养生息、互通有无,在与东汉王朝的贸易往来中经济得到快速发展。①

平定中亚后的班超,把目光放到了更遥远的地方。据《后汉书·西域传》记载,公元97年,班超派甘英出使大秦(即罗马帝国),到达条支(土耳其的安条克)。由于缺乏航海经验,甘英止步于大海,虽没能与罗马帝国进行直接接触,但却使东汉王朝与西域的交往首次触及地中海东岸,他带回了大量关于中亚、西亚诸国的政治、经济、军事、风俗等重要资讯,使东汉王朝的对外方略更有针对性和指导性,大大促进了东西方文化商贸的交流。公元166年,罗马使节通过丝绸之路来到中国,建立了大使馆,标志着丝绸之路进入了空前的大发展期。

然而,中国进入东汉末期后,内乱不断,政府无暇顾及西域。失去了中央控制的西域诸国内部纷争不断,相互征伐,连年的战争令途经这些国家的商路难以通行。东汉政府更是为防止西域的动乱祸及王朝稳定,不得已经常关闭丝路要塞——玉门关,这最终导致丝绸之路逐渐衰败,陷入半通半停状态。直到强盛的唐朝时期,古丝绸之路才得以进一步繁荣昌盛。

---

① 魏兆和,程嘉翎.丝绸之路在西域的三绝三通.中国蚕业,2003,24(2):78-79.

二、古丝绸之路的繁荣

（一）玄奘①西行

公元 618 年，唐王朝建立了强大而又统一的中国。唐朝建立后不久，僧人玄奘由于对佛学的疑问和困惑不得其解，而萌发了去佛教的发源地天竺国（今印度）取经的想法。随后，其艰苦的经历、执着的精神以及对佛学精深的造诣，使其成为世界著名的文化传播大使。同时，丝绸之路作为玄奘西行取经之路，其在历史上东西方文化交流通道中的重要地位，也得到了大大加强。

唐朝初期，玄奘西行的必经之道——丝绸之路大部分还控制在突厥手中，朝廷对民众出国控制得极为严格。因此，玄奘西行求法并未获批。但玄奘初心不改，于公元 629 年，悄悄地从长安出发，独自踏上了漫漫求学路。他沿河西走廊途经秦州（今甘肃天水）、兰州、凉州（今甘肃武威）、瓜州（今甘肃安西县东南），偷渡玉门关，艰难地通过了 800 里大沙漠，取道伊吾（今新疆哈密）、高昌（今新疆吐鲁番），来到碎叶城（今吉尔吉斯斯坦托克马克西南），最终途经今天的乌兹别克斯坦、阿富汗、巴基斯坦等地进入印度。

---

① 玄奘（602—664），俗姓陈，名祎，洛州缑氏（今河南偃师县南缑氏镇）人，唐代著名高僧，法名玄奘，敬称三藏法师，俗称唐僧。

到达印度后，玄奘遍访高僧，巡礼佛教圣地，并在摩揭陀国（今印度比哈尔邦）的那烂陀寺中研究佛教典籍，学习梵文和印度的方言，为寺内众僧讲解《摄大乘论》等佛典，赢得了极大声誉。玄奘在印度声名鹊起，引起了戒日王的注意，他特意为玄奘举行了无遮大会。盛会上，玄奘宣讲大乘佛教教义，经过十八天的演讲和辩论，与会者没有一人能驳倒玄奘，玄奘因而获得了"大乘天"的尊号。也正是玄奘与戒日王的交往，最终促成了中印双方的官方往来，玄奘也成为中印文化交流的标志性人物。

贞观十七年（公元643年）春，玄奘谢绝了戒日王和那烂陀寺众僧的挽留，携带657部佛经，踏上归国征程，于贞观十九年（公元645年）回到阔别已久的长安，受到盛大欢迎。在回国后的十九年中，玄奘共译出佛教经论75部1335卷，并将西域、印度各地的所见所闻口述，由弟子辩机执笔，完成了《大唐西域记》一书，共12卷，十余万字。《大唐西域记》记载了玄奘在丝绸之路上近5万里行程，亲身经历的110国和传闻中的28国的各类情况。脍炙人口的神话小说《西游记》正是根据这本行记编撰的。

玄奘将西域的佛法之道带到了中原，使佛教得到了前所未有的广泛传播。作为中印文化交流的使者，玄奘被给予了很高的评价，为人们长久纪念。而这条古老的丝绸之路，也因承载了无数佛教与文化交流的故事而声名远扬。

（二）盛唐时期的丝路

贞观九年（公元635年），由于吐谷浑王慕容伏允拒绝朝贡，唐太宗李世民发动了吐谷浑之战，击败了吐谷浑，保障了河西走廊的安全。随后，唐高宗又灭了西突厥，一举控制西域各国。盛唐时期的疆域，东起朝鲜海滨，西至达昌水（阿姆河）。唐王朝成为当时世界最为发达强盛的国家，经济文化发展水平都居世界前列。为了重开丝绸之路，唐王朝新设立治理机构——安西四镇，以控制西域，重修玉门关，打通沿途关隘，开辟了天山北路的丝路分线，将西线扩展至中亚。在丝绸之路东段，则横跨大漠南北修建众多支线，织网以连通沿线各地，不断拓展丝绸之路的影响范围。

与汉朝时期的丝路不同，唐王朝结束了西域小国林立、各自为政的局面，将西域和中亚的一些地区纳入版图，建立了中央集权、稳定有效的统治秩序，丝绸之路变得更为通畅而高效，吸引着越来越多的国家参与其中。丝路上往来的除了传统的西亚阿拉伯商人，南亚的印度商人也在此时开始加入，并逐渐成为丝绸之路上的重要成员。随着交流的深入，行走在丝路上的人不再仅限于商人和士兵，那些受到唐王朝繁荣景象感召，或为追寻信仰理念，或执着于文化艺术交流的人们，带着朝圣的心情从四面八方涌到这条路上，奔往他们心中的圣地。据史载，唐王朝曾与三百多个国家和地区相通交往,每年有数以万计的各国宾客取道丝绸之路来到当时世界最大的都市——长安。①也在这一时期,中国大量的先进技术、文化风俗通过各国的遣唐使和留学生传播到自己国家。

丝绸之路作为各个国家交流的纽带,把整个世界连接在了一起。它的每次畅通繁荣,都深深地打上了那个时代的烙印,并有力地促进了丝路各国的经济、技术和文化的交流,这种交流对社会发展产生了积极而深远的影响,至今仍时刻影响着我们的生活。如:汉朝将西方传来的物品冠以胡字,胡瓜、胡萝卜等都是那个时代流传至今的称谓;唐朝时则将它们以海字相区别,如海棠、海石榴等等。而中国的造纸术,盛唐时传入了大食帝国(今阿拉伯),不久便传入欧洲各国,大大推进了西方文明的发展。当时,东西方相互交流的领域非常广泛,医术、舞蹈、武学等都大大开阔了双方的视野,改变了对方的生活。

丝路的畅通带来了宗教的繁荣。长安城内,除了琳琅满目的商品,还可以看到佛寺、道观、清真寺及各式教堂。不似当时的罗马只允许基督教存在,大食只允许伊斯兰教存在,大唐以博大的胸怀吸引和容纳了各种宗教,不同的信仰在这里都能自由宣讲。

---

① 赵宪军."一带一路"战略与人类命运共同体建构.湖南省社会主义学院学报,2016(1):74-77.

不仅佛教迎来了黄金时期，景教（基督教聂斯托里派）在唐初也由东罗马帝国传入了我国，西安碑林中的《大秦景教流行中国碑》便是见证。唐中期还从波斯传入了摩尼教（拜火教），中国化后称为"明教"。盛唐时期传入中国的还有伊斯兰教，此后全国各地开始出现清真寺。

三、海上丝绸之路

（一）海上丝绸之路的兴起

唐朝在经历了"贞观之治""开元盛世"的鼎盛时期后，逐渐走向衰落。公元755年，安史之乱后，唐王朝北方地区战火连年，国家经济遭到重创，商人逐渐转向南方地区进行商贸活动，南方丝绸之路和海上丝绸之路因此逐渐繁荣起来。

南方丝绸之路泛指西南地区对外连接的通道，包括历史上有名的蜀身毒道和茶马古道等。海上丝绸之路则泛指与世界其他国家地区进行交往的海上通道。

海上丝绸之路其实早已存在，在秦汉时期便已具雏形，先秦时期江南沿海的百越族有着丰富的航海经验和冒险精神，秦始皇统一岭南时，番禺（今广州地区）地区已经拥有相当规模和技术水平的造船业。

汉朝时期，海上丝绸之路正式兴起。有关海上丝绸之路最早的文字记载就见于《汉书·地理志》，其航线为：从广东徐闻或广西合浦出发，经南海达马来半岛，继续经孟加拉湾西进，可至印度半岛南部。唐朝中期之后，海上丝绸之路逐渐成为中外贸易交流主通道，从而进入了繁盛期。

据《新唐书·地理志》记载，有一条由广州出海，可通往东南亚、印度洋北部沿岸，直达波斯湾或红海的海上航路，被称作"广州通海夷道"，是当时全球最长的远洋航线。中国的丝绸、瓷器、茶叶和铜铁器等通过这条海路输出，往回输入的主要是香料、花草等。[①]

(二) 海上丝绸之路的繁盛

宋元时期，海上丝绸之路进入繁盛期。

宋朝时的中国人开始将指南针广泛运用于航海上，加上造船技术和航海技术的明显提高，海上丝绸之路迎来了它发展的绝佳机会。宋朝与东南沿海国家绝大多数时间保持着友好关系，私人海上贸易在政府鼓励下也得到极大发展。

元朝在经济上鼓励海外贸易，并制定系统性较强的外贸管理法则。当时，中国和亚、非、欧、美各大洲的国家和地区都建立

---

① 钟海. 古代海上丝绸之路的兴与衰. 中国海事，2015（7）：66-67.

了贸易往来。据《大德南海志》记载，元代进出口的舶货种类繁多，进口的有珍稀动植物制品等超过两百种，允许出口的货物有纺织品、陶瓷等。

（三）将海上丝绸之路推向巅峰的人——郑和

明代初期，郑和七下西洋拉开了世界大航海时代的序幕。

永乐三年（公元 1405 年），明成祖朱棣命三宝太监郑和，率两百余艘船只、两万七千余人员组成的庞大舰队出使西洋，世界性大航海活动的序幕由此拉开。1405 到 1433 年期间，郑和一共七下西洋，谱写了人类航海史上的壮丽篇章。据《明史·郑和传》记载，郑和到达了亚洲和非洲的三十多个国家和地区。郑和的航海壮举对后来达·伽马开辟欧洲到印度的航海路线以及麦哲伦的环球航行，都具有先导作用，此举将中国的航海事业铭刻在世界航海史的里程碑上。

郑和远航是中国和平拥抱外部世界的象征。当时，郑和的船队虽有强大的军事实力，但不侵略扩张，而是广播和平和友谊。出使西洋的郑和将船上的物质馈赠给当地人，并通过各种手段调解各国矛盾冲突，推行睦邻友好的和平外交政策，传播先进的中国文化，促进了当地的经济发展。至今海外不少地方还保留着郑和的遗迹，如泰国的"三宝庙"，马来西亚的"三宝井"，印尼的"三宝垄"等。

郑和远航开拓了世界航海事业，打通了亚非航路，其绘制的《郑和航海图》高 20.3 厘米，全长 560 厘米，有 20 页航海地图，包含了 109 条针路航线和 4 幅过洋牵星图，记载了 500 个地名，对人类的海洋文明做出了重要贡献。郑和七下西洋，标志着海上丝绸之路在明代达到了巅峰。

丝绸之路是中国与西方世界相互了解最早的通道，它的开通是中国古代历史上最伟大的壮举之一。丝绸之路大大促进了东西方经济、科技、文化、政治、宗教及语言的交流和融汇。历史证明，由中国古丝绸之路带动的交流碰撞，推动了世界的进步和发展，创造了人类新文明，为人类文明史做出了不可磨灭的贡献。

第二节 "丝绸之路经济带"和"21 世纪海上丝绸之路"

一、"一带一路"的提出

两千多年前的人民，在当时的交通条件下，探索出了多条"丝绸之路"。直到今天，这些通道仍然发挥着作用，依然是中国最重要的对外合作通道。

进入 21 世纪，在以和平、发展、合作、共赢为主题的新时代背景下，面对新的国际、国内环境，我们更要传承和弘扬古丝绸之路精神，建立新时代的"丝路精神"，塑造新的国际经济、政治、文化交流的网络。

2013 年 9 月 7 日，习近平主席在哈萨克斯坦纳扎尔巴耶夫大学发表演讲时表示：为了使各国经济联系更加紧密、相互合作更加深入、发展空间更加广阔，我们可以用创新的合作模式，共同建设"丝绸之路经济带"，以点带面，从线到片，逐步形成区域大合作。①

2013 年 10 月 3 日，习近平主席在印尼国会发表演讲时表示：中国愿同东盟国家加强海上合作，使用好中国政府设立的中国-东盟海上合作基金，发展好海洋合作伙伴关系，共同建设 21 世纪"海上丝绸之路"。

"丝绸之路经济带"和"21 世纪海上丝绸之路"后被简称为"一带一路"。"一带一路" 翻译为 One Belt And One Road，简称 OBAOR；或 One Belt One Road，简称 OBOR；或 Belt And Road，简称 BAR。

中国国务院总理李克强参加 2013 年 9 月 20 日中国-东盟博览会时强调，铺就面向东盟的海上丝绸之路，打造带动腹地发展的

---

① 杜尚泽，丁伟，黄文帝. 习近平在哈萨克斯坦纳扎尔巴耶夫大学发表演讲. 人民网，2013-09-08.

战略支点。加快"一带一路"建设，有利于促进沿线各国经济繁荣与区域经济合作，加强不同文明交流互鉴，促进世界和平发展，是一项造福世界各国人民的伟大事业。

2014年5月21日，习近平主席在亚信峰会上做主旨发言时指出：中国将同各国一道，加快推进"丝绸之路经济带"和"21世纪海上丝绸之路"建设，尽早启动亚洲基础设施投资银行，更加深入参与区域合作进程，推动亚洲发展和安全相互促进、相得益彰。

"一带一路"被提出后立刻成为一个热词。它在各级政府的工作报告、规划、审议中频频出现。

在中央层面，2013年年底，党的十八届三中全会通过的《中共中央关于全面深化改革若干重大问题的决定》中，就明确写入"一带一路"。"一带一路"倡议成为党和国家的重大战略。2014年12月2日，中共中央、国务院印发了政府内部规划《丝绸之路经济带和21世纪海上丝绸之路建设战略规划》。2015年3月28日，国家发展改革委、外交部、商务部联合发布了《推动共建丝绸之路经济带和21世纪海上丝绸之路的愿景与行动》一文，文中对于"一带一路"倡议的时代背景、共建原则、框架思路、合作重点、合作机制等做了进一步的说明。

2016年8月17日，中共中央总书记、国家主席、中央军委主席习近平在北京出席推进"一带一路"建设工作座谈会并发表

重要讲话,就推进"一带一路"建设提出8项要求:

一是要切实推进思想统一,坚持各国共商、共建、共享,遵循平等、追求互利,牢牢把握重点方向,聚焦重点地区、重点国家、重点项目,抓住发展这个最大公约数,不仅造福中国人民,更造福沿线各国人民。中国欢迎各方搭乘中国发展的快车、便车,欢迎世界各国和国际组织参与到合作中来。

二是要切实推进规划落实,周密组织,精准发力,进一步研究出台推进"一带一路"建设的具体政策措施,创新运用方式,完善配套服务,重点支持基础设施互联互通、能源资源开发利用、经贸产业合作区建设、产业核心技术研发支撑等战略性优先项目。

三是要切实推进统筹协调,坚持陆海统筹,坚持内外统筹,加强政企统筹,鼓励国内企业到沿线国家投资经营,也欢迎沿线国家企业到我国投资兴业,加强"一带一路"建设同京津冀协同发展、长江经济带发展等国家战略的对接,同西部开发、东北振兴、中部崛起、东部率先发展、沿边开发开放的结合,带动形成全方位开放、东中西部联动发展的局面。

四是要切实推进关键项目落地,以基础设施互联互通、产能合作、经贸产业合作区为抓手,实施好一批示范性项目,多搞一点早期收获,让有关国家不断有实实在在的获得感。

五是要切实推进金融创新,创新国际化的融资模式,深化金融领域合作，打造多层次金融平台，建立服务"一带一路"建设长期、稳定、可持续、风险可控的金融保障体系。

六是要切实推进民心相通，弘扬丝路精神，推进文明交流互鉴，重视人文合作。

七是要切实推进舆论宣传，积极宣传"一带一路"建设的实实在在成果，加强"一带一路"建设学术研究、理论支撑、话语体系建设。

八是要切实推进安全保障，完善安全风险评估、监测预警、应急处置，建立健全工作机制，细化工作方案，确保有关部署和举措落实到每个部门、每个项目执行单位和企业。[1]

共建"一带一路"旨在促进经济要素有序自由流动、资源高效配置和市场深度融合，推动沿线各国实现经济政策协调，开展更大范围、更高水平、更深层次的区域合作，共同打造开放、包容、均衡、普惠的区域经济合作架构。共建"一带一路"符合国际社会的根本利益，彰显人类社会共同理想和美好追求，是国际合作以及全球治理新模式的积极探索，将为世界和平发展增添新的正能量。[2]

---

[1] 张晓松，安蓓. 习近平就"一带一路"建设提8项要求. 新华每日电讯，2016-08-18（1）.

[2] 国家发展改革委，外交部，商务部. 推动共建丝绸之路经济带和21世纪海上丝绸之路的愿景与行动. 人民日报，2015-03-29（4）.

二、"一带一路"提出的时代背景

"古丝绸之路"开通后,在世界史上有着极为重要的意义,其在促进中西方国家的经济发展、文化交流、政治了解、科技进步等方面做出了巨大的贡献。

随着时代的进步,科学技术迅速发展。发生在19世纪下半叶到20世纪初的第二次工业革命,使得人类正式进入了电气时代,并在信息革命、资讯革命中达到顶峰。三次工业革命是人类在科学技术领域的一次又一次飞跃。

科技的飞速发展带给人类社会的影响是巨大的。现代人类在探索自然界的广度和深度方面都是古代人民无法相比的。现在,人类可以在微观层面观测到物质的分子、原子结构,在宏观层面可以观测到宇宙星系。我们一条信息一个电话便可在顷刻之间联通地球的另一端,人与人之间的时空距离骤然缩短,整个世界就如同一个"村落"。加拿大传播学家M.麦克卢汉1967年在《理解媒介:人的延伸》一书中提出的"地球村"(global village)预言,已经变为现实。

总之,我们现在所处的时代环境与几千年前的古代大不相同。那我们现在所处的时代背景到底是怎样的?只有回答了这个问题,我们才能更为深刻地理解"一带一路"倡议提出的背景及原因。

(一)经济背景

随着各国经济活动的发展,自 20 世纪后半叶以来,世界经济的发展呈现两大趋势:经济全球化与区域经济一体化。

"经济全球化"这个概念最早是由 T.莱维于 1985 年提出的,关于这个概念至今没有一个公认的定义。国际货币基金组织(IMF)给出的定义是:"经济全球化是指跨国商品与服务贸易及资本流动规模和形式的增加,以及技术的广泛迅速传播使世界各国经济的相互依赖性增强。"[①]

总的来讲,经济全球化是指在全球范围内,世界各国普遍以市场经济为本国经济模式的基础条件下,世界上各个国家运用先进的科学技术和先进的生产力为手段,以发达国家占主导地位,以实现利润和经济效益最大化为目标,通过细致的社会分工和贸易、投资等形式,实现世界范围内各国市场的分工与协作,使得世界各国的经济发展逐渐融为一体。

在经济全球化的影响下,两个或两个以上的国家和地区,为了更好地开展经济上的合作,通过相互沟通,制定出一些经济政策和措施,并缔结经济条约或协议,使得它们联合起来形成一个区域性经济结合体或联合体。我们把这个形成过程称作区域经济一体化。

[①] 国际货币基金组织.世界经济展望,1997(5):45.

经济全球化与区域经济一体化是当今世界经济活动中两股平行发展、相互促进、相互影响的趋势和潮流。

科学技术的发展和市场经济的需要使得社会化大生产超出一国国界的限制。经济当事人为了追求经济利益最大化，在世界范围内找寻需求、供给与合作。这个过程使得全球范围内的资源和生产要素得到了更加优化的配置，加快了世界资本和产品在全球范围内的流动，有利于促进发展中国家和地区经济的发展，是人类社会发展进步的表现，是世界经济发展的必然结果。

经济全球化对每个国家来说并不是全部有利的。经济全球化是一柄双刃剑，既是机遇，也是挑战。经济实力薄弱和科学技术比较落后的发展中国家，面对经济全球化的激烈竞争，其所遇到的风险和挑战相比较经济实力雄厚和科学技术先进的发达国家将更加严峻。

我国作为一个人口基数庞大的发展中国家，自改革开放以来，以市场经济为导向，坚持"一个中心两个基本点"的原则。三十多年来，我国经济的增长率一直保持在百分之十左右，成了世界上经济增长最快的国家。我国经济取得了举世瞩目的成绩，成为世界经济体系中弥足重要的力量。

有消息称，2014年中国成了世界最大经济体，美国屈居第二。

即使中国真的成为世界最大经济体，也不能使得中国进入发达国家的行列，中国庞大的人口基数使得人均生产总值处在较低的国际排名。中国将长期处于一个急需要发展的状态。

据国家统计局 2016 年 1 月 19 日公布的经济数据显示，2015 年中国全年国内生产总值（GDP）为 67.67 万亿元，在世界排名第二，仅次于美国。然而人均生产总值为 5.2 万元，约合 8 016 美元，与美国、日本、德国、英国等发达国家 3.7 万美元以上的水平仍有很大差距。[①]

目前世界经济在经历了 2008 年金融危机的影响后，处在缓慢的复苏期。世界各国都以发展经济为目标，努力恢复和发展本国经济。在此大背景下，面对经济全球化与区域经济一体化的机遇和挑战，要想更快更好地发展我国经济，就必须与其他国家进一步展开和加强经济合作。

（二）政治背景

世界政治格局是指世界上各个国家或地区政治力量的对比以及政治利益的划分情况。它包括主权国家、国家集团和国际组织等多种行为主体在国际舞台上以某种方式和规则组成一定的结

---

① 贷之家. 2015 中国 GDP 世界第二，人均 GDP 不如发达国家. http://mt.sohu.com/20160120/n435165526.shtml.

构，由各种政治力量对比而形成的一种相对稳定的态势和状况。[1]

从历史来看，世界政治格局从诞生到现在总共有五次重大的变动。第一次是17世纪40年代欧洲三十年战争后诞生的"威斯特伐利亚体系"；第二次是1815年拿破仑战争后诞生的"维也纳体系"；第三次是一战后形成的"凡尔赛-华盛顿体系"；第四次是二战后在雅尔塔体系基础上形成的"两极对峙格局"；第五次是20世纪80年代末到90年代初东欧剧变、苏联解体后形成的"旧格局瓦解和新格局待建"态势。[2]

从目前来看，整个国际政治局势仍处在新旧政治格局的交替时期。前苏联解体后，美苏对峙的两极格局被打破，西欧、日本、俄罗斯、中国、印度等地区和国家逐渐崛起，形成了多极化的世界政治格局。但是实质上，美国凭借自己在经济上的优势地位和强势的综合国力，仍然居于世界政治的核心。美国是目前当之无愧的超级大国。美国想凭借自身的实力建立一个"单极世界"，自己做永久的世界霸主，但是美国自身的力量却还不够统一世界。其他国家也不愿意看到美国一家独大，期望建立一个多极化的世界格局，彼此制约，彼此制衡，以此形成一个比较健康的国际秩序。

---

[1] 世界政治格局. http://baike.baidu.com/link?url=rFc5d5wE9EoIvGhZsmjk864CrOKMgYumc88ewINs2uo8vPCo4J9IJzeEjze_84q9kBGwYAoH1upq50Mrjht-F_.
[2] 李德俊，毛和荣. 冷战后世界政治格局的走向及动因. 鄂州大学学报，2013（7）.

然而，世界政治格局经过二十多年的悄然转变，还是逐渐形成了以美国霸权主义和强权政治为主，其他国家三派鼎立（亲美派、反美派与中间派）为辅的政治格局。在美国霸权主义和强权政治为主的形势下，一些反美国家和中立国家，在国际上尤其是在国际竞争中得不到其他国家的支持和援助，处处受到经济制裁和不公正对待，使得自身的利益受损。原本反美国家和中立国家为了自身利益考虑，与美国逐渐走向了合作。随着时间的推移，反美派和中立派的国家数量将会越来越少。

为了建立和形成健康、公正、公平的世界政治格局，为了有利于世界各国及人民更好的发展和生活，防止出现世界格局向某一超级大国一边倒的状况出现，在和平发展依旧是世界政治环境的大主题下，我国必须展开和其他各个国家之间政治的更深度交流和了解，提出一个对外合作、交流的战略和总纲领。这对于新的世界政治格局的形成和稳固起着至关重要的作用。

（三）文化背景

在信息高速化和经济全球化的影响下，世界各国的文化开始相互交流、相互借鉴、相互融合、相互促进，又保持着各自的特色，呈现出多元和谐发展的局面。

全球经济的一体化使得世界各国之间的交流日益密切，促进了世界各国文化之间的交流、传播、相容。信息化高速公路互联网的快速发展以及计算机、手机等数字终端的产生,多种多样的软件和APP的大量应用,使得全球范围内文化交流、传播变得非常容易。信息发送者只要在世界的某一处发出信息,其他地方的接受者就可以立刻收到。因此,某个国家、地区、民族的语言、文字、习俗、历史、文化等会在地球另一端影响着它的接受者。世界范围内文化向着全球化和多元化发展。多种文化相互影响、借鉴、交织、融合、促进,构成了现在乃至以后世界文化的形态。

据中国互联网络信息中心CNNIC第36次调查报告,截至2015年6月,我国网民规模达6.68亿,半年共计新增网民1 894万人。互联网普及率为48.8%,我国手机网民规模达5.94亿,较2014年12月增加3 679万人。网民中使用手机上网的人群占比由2014年12月的85.8%提升至88.9%。[1]

据"中广新闻网"报道,根据联合国国际电信联盟在日内瓦总部发布的年度旗舰报告,目前全球上网人数已达32亿人,占全球人口的43.4%;同时,全球手机用户接近71亿,已覆盖95%以上的世界人口。

从以上数据可以看出,越来越广泛的信息高速化传播工具和

---

[1] 新浪科技. CNNIC 第 36 次中国互联网统计报告. http: //tech.sina.com.cn/z/CNNIC36/.

手段使得传播变得更为快捷、迅速，从而使得各个国家和民族的文化交流比之之前更为便捷。再加上近些年来文化产业的不断发展，数字出版业务的出现，微信、微博的普及应用，使得这一过程更加迅速和剧烈。

一个国家综合国力的体现并不单单只是经济实力。一个大国的文化对于其在国际地位上的影响也是不可忽视的。正如我国一直坚持的"经济建设和精神文明建设两手抓，两手都要硬"的原则，经济实力是一个国家的硬实力，而文化影响力则是一个国家的软实力。经济硬实力会在短期内有效地影响一个国家的综合国力。文化软实力则会深层次、长期、缓慢、潜移默化地影响着一个国家的整体实力。

我国有着几千年悠久的历史文化渊源，有着自成体系的先贤哲学思想。如何在信息高速化、经济全球化、文化多样化大背景下巩固、发展、提升、扩大中国文化在世界上的影响力，是目前国际形势下另一个值得我们深思的问题。

当代全球各国之间交往的最大特点是经济、政治、文化交往的一体化。经济、政治、文化这三个大背景，不是孤立地存在，而是相互制约和影响。经济的发展使得政治文化的交流成为可能，政治文化的交流反过来又影响和促进经济的发展。三者相互渗透，形成一种整体活动。在这样的时代背景下，"一带一路"倡议应时而生。

共建"一带一路"是顺应世界多极化、经济全球化、文化多样化、社会信息化的潮流，秉持开放的区域合作精神，致力于维护全球自由贸易体系和开放型世界经济。

共建"一带一路"致力于亚欧非大陆及附近海洋的互联互通，建立和加强沿线各国互联互通伙伴关系，构建全方位、多层次、复合型的互联互通网络，实现沿线各国多元、自主、平衡、可持续的发展。"一带一路"的互联互通项目将推动沿线各国发展战略的对接与耦合，发掘区域内市场的潜力，促进投资和消费，创造需求和就业，增进沿线各国人民的人文交流与文明互鉴，让各国人民相逢相知、互信互敬，共享和谐、安宁、富裕的生活。①

三、"一带一路"共建原则

"一带一路"倡议自提出以来，受到了许多国家的支持和响应。学者对于"一带一路"的研究和解读也甚多。

2015年3月28日，经中国国务院授权，国家发展改革委、外交部、商务部联合发布《推动共建丝绸之路经济带和21世纪海上丝绸之路的愿景与行动》，其中明确了共建"一带一路"的五大原则。

---

① 国家发展改革委，外交部，商务部. 推动共建丝绸之路经济带和21世纪海上丝绸之路的愿景与行动. 人民日报，2015-03-29（4）.（本小节除特别注明外，均引自该报道）

（1）恪守联合国宪章的宗旨和原则。遵守和平共处五项原则，即尊重各国主权和领土完整、互不侵犯、互不干涉内政、和平共处、平等互利。

中国在外交上一直坚持和恪守和平共处五项原则，从来不推行大国霸权主义和强权政治。世界各国不论领土大小、人口多寡、综合国力强弱，都是有着各自主权的国家，都是中国对外合作、和平发展的好伙伴。尊重对方的主权和领土完整，各国之间互不侵犯、互不干涉内政、和平共处、平等互利、共谋发展，这是开展"一带一路"倡议的基础和前提。

（2）坚持开放合作。"一带一路"相关的国家基于但不限于古代丝绸之路的范围，各国和国际、地区组织均可参与，让共建成果惠及更广泛的区域。

"一带一路"倡议是古丝绸之路精神在新时代的传承和发扬。其合作范围基于古丝绸之路，但是又不限于古丝绸之路所开辟的合作范围。原则上，"一带一路"是号召更多的国家、国际、地区组织等参与进来，展开更多方式、更深层次的合作。在"一带一路"倡议的带动下，让更多的国家和人民从中受益。

（3）坚持和谐包容。倡导文明宽容，尊重各国发展道路和模式的选择，加强不同文明之间的对话，求同存异、兼容并蓄、和平共处、共生共荣。

不同国家的发展道路模式、国家性质是不一样的。不同地区、民族的文化习俗、宗教信仰、生活方式是不一样的。"一带一路"的目标是各个参与的国家和民族获得合作发展的好处。面对不同国家和地区的不同情况，我们坚持和谐包容、求同存异，在开展经济合作的同时，加强政治文化上的交流对话，使得各个文明、各个地区、各个民族和谐共处、共生共荣。

（4）坚持市场运作。遵循市场规律和国际通行规则，充分发挥市场在资源配置中的决定性作用和各类企业的主体作用，同时发挥好政府的作用。

我国经济自改革开放三十多年来，以市场经济为主导，国家政府在宏观上进行调控，取得了举世瞩目的成绩。这是一条经过实践检验的成功经验。在与其他国家开展"一带一路"的合作中，这条经验依然可以作为重要的指导和参考。在资源配置中充分发挥市场的决定性作用和各类企业的主体带头作用，使"一带一路"倡议遵循市场经济规律和国际通行规则，是必然的选择。

（5）坚持互利共赢。兼顾各方利益和关切，寻求利益契合点和合作最大公约数，体现各方智慧和创意，各施所长，各尽所能，把各方优势和潜力充分发挥出来。

"一带一路"的目的就是让参与合作的各国最终实现互利共

赢，而不是只有某些国家获利，更不是某些国家的获利建立在其他国家遭受损失的基础之上。在合作过程中，合作双方彼此寻求利益的契合点，各自发挥优势和潜力，兼顾各方利益，商讨和制定出双方都获利的合作公约，以此为基础，实现战略参与者的互利共赢。

目前，自"一带一路"倡议提出以来，已经有100多个国家和国际组织参与其中，我国同30多个沿线国家签署了共建"一带一路"合作协议、同20多个国家开展国际产能合作。联合国等国际组织也态度积极，以亚投行、丝路基金为代表的金融合作不断深入，一批有影响力的标志性项目逐步落地。"一带一路"建设从无到有、由点及面，进度和成果超出预期。

无论是海上的"21世纪海上丝绸之路"，还是陆上的"丝绸之路经济带"，目标都是着力深化互利共赢格局，打造"命运共同体"，使得千百年来有着"和平合作、开放包容、互学互鉴、互利共赢"的丝绸之路精神薪火相传。

第三节 "一带一路"倡议的重大意义

2013年下半年，中国国家主席习近平在对中亚四国进行国事访问期间以及出席亚太经济合作组织领导人非正式会议期间曾先后提出了"丝绸之路经济带"和"21世纪海上丝绸之路"的构想。习近平主席在演讲中提出亚欧国家之间采用创新合作模式共同致力于建设"丝绸之路经济带"。倡导中国和东盟国家加强海上合作，发展海洋合作伙伴关系，使用好中国政府设立的中国-东盟海上合作基金，共建"21世纪海上丝绸之路"。"一带一路"这一极具建设性、远见性的伟大发展战略之所以备受瞩目，得到众多国家的关注与赞许，是由于其具有极其深远的意义。

一、加强"一带一路"发展有益于我国构筑新格局、促进区域大合作

20世纪80年代，全国范围内刮起了一股改革开放之风。自1979年开始，我国陆续设立了包括深圳、厦门等在内的5大经济特区，并陆续开放了14个沿海口岸城市，创建了大量的特殊政策型园区。根据区位图能够比较直观地看出，初期开放的城市主要集中在东部沿海区域，江苏、福建等均成为首批开放政策的受惠者，因地理位置存在差异，发展资源分布不均衡，导致我国存在区域发展失衡现象，对外开放格局有失全面性。

当前，党中央明确了"一带一路"发展战略，并特别指出西

部地区不仅是"一带"倡议的初始地,亦是"一带"倡议延伸至西亚以及欧洲的关键途经地,而这即意味着中国对外开放的地理格局要发生重大改变,地域广袤的西部区域将以最新发展引擎的姿态担负起进一步开发西部、发展西部的伟大使命。在即将进行的西部大开发工作中,首要工作是构建一条对内、对外均高度开放的通道,依靠进一步向西开放的方式促进我国西部地区和邻国、邻区(西亚、中亚等)的交流与合作。丝绸之路经济带是我国力图构筑全面对外开放格局、促进区域发展均衡的一大重要手段。在西部地区发展速度不断加快的过程中,东部地区特别是沿海区域,亦依靠"自由贸易区"建设促进对外开放水平的进一步提升,东、西部共同肩负着我国"走出去"战略的伟大使命。

"一带一路"倡议构想的初衷在于促进市场全面发展、经济要素保持良好流动性、发展资源科学配置,强化沿线各国经济政策的融合性与协调性,加强区域合作,构建一个开放度高、包容性强、惠及各参与国的经济合作体系,以此来满足中国在当前环境下的发展要求,构建一个互赢、协调、安全的高度开放型经济发展机制。

此构想淋漓尽致地反映了我国发展区域合作共赢的决心。构想明确表示，丝绸之路的各沿线国家需共同努力构建"利益共同体"和"命运共同体"，绘制出一条条连绵起伏、贯穿中亚和东亚的交通运输经济路线，绘制出一幅各国交织联系的新发展蓝图。该构想将依靠政策交流、道路连通、货币流通、民心汇聚、贸易往来等方式，特别是通过战略调整、政策交流等方式，求同存异，加强和当前各区域合作机制（东盟、上合组织等）的联系与发展，不特别追求制度共同化、理念统一化，注重政策的灵活性与效果的实际性。中国拟通过贸易便捷化、带状经济以及经济支持等一系列形式加强和沿线国家的联系与沟通，以此推动欧亚区域经济、贸易的进一步发展，这种新型且极富建设性意义的合作模式，能够将欧亚各国的经济、贸易往来变得愈来愈密切，合作领域变得愈来愈多样化，共同发展空间变得愈来愈宽广。此外，基于"一带一路"倡议的整体框架，我国在今后的发展中，将会更加注重并凸显不同地区的比较优势，加强对国内各区域发展的合理定位与科学规划，进一步加深东部、中部以及西部的沟通与联系，促进东部、中部、西部展开进一步合作，以此提高内陆地区的开放水平，加快内地经济的快速发展，构筑一个全新、完善的新开放格局，加强并提高区域的沟通性与合作性，推动全球经济保持全面、快速发展。

二、"一带一路"倡议的实施,将为中国经济和世界经济提供新的增长引擎

"一带一路"倡议极大地促进了亚欧大陆东、西两端的沟通与贸易往来,正好把经济发展势头迅猛的欧洲经济发展中心与正处于高速发展的东亚经济发展中心相互联通,加快了各沿线国的经济发展速度,推动了一体化亚欧市场的创建与发展,其影响力扩展到非洲等相关区域。基于历史角度来看,"丝绸之路"素来是全球的一大经贸通路。在当前发展形势下,全球化进程的加速在一定程度上提高了各国经贸往来的密切性与频繁性。共同践行"一带一路"倡议,充分发挥沿线各国的优势与长处,有利于促使全球贸易机制更具活力。对中国而言,这也是一个良好的发展机遇,有利于加速中国经济发展、推动全球经济发展。对中国来讲,"一带一路"倡议的践行与实施有利于我国尽快完成经济转型,探寻新的经济发展点,打造新的发展项目。对整个世界而言,"一带一路"倡议的实施会推动沿线各国经济的发展,减小发展差距,加速实现区域一体化。在实施改革开放政策的过程中,我国善于在国际产业大调整中把握契机,充分发挥自身的市场优势与劳动力优势,成为发达国家产业转移的主要接收对象,促进了经济高速、健康发展。将上述实践经验和逐步形成的技术优势、资金优势等

进行融合,以此转变成国际合作优势,在不断加大开放力度的同时,提高国际合作水平,让"一带一路"战果的果香飘至千里之外,惠及更多的地区和国家,为全球经济发展注入新鲜的血液,为促进世界和平贡献出自己的力量。

三、"一带一路"倡议的推进可促进沿线各国发展战略更好地接洽与融合

"一带一路"倡议的推进可以促进沿线各国发展战略更好地接洽与融合,调整区域经济发展格局,拓展区域市场空间,增加投资力度,提高消费水平,推动沿线各国民众的深入沟通与文明的交流借鉴。丝绸之路沿线不仅拥有多样化的自然资源,还占据着非常关键的区位优势,拥有着明朗的发展前景,鉴于此,很多国家提出了和此区域发展相关的战略设想,比如日本提出了"丝绸之路外交战略",美国提出了"新丝绸之路战略"等。上述国家针对此区域发展而提出的战略合作规划与方案,为我国全方位践行"一带一路"倡议提供了良好的发展契机。习近平主席多次明确表示,中国要善于把握发展机遇,不仅要学会将世界的发展契机转化为我国的发展契机,还需要将本国的发展契机转化成世界的发展契机,在和其他国家和平合作的基础上共同发展。践行"一带

一路"发展战略不仅有利于切实发挥现有组织（比如上合组织等）的机制作用，还有利于推进资源的合理配置，促进沿线各国经济的健康、快速发展。总体来讲，这是一个惠及多国的战略方针，有利于促进不同战略的对接与融合。尤为关键的是，"一带一路"建设具有极高的战略地位，它能够和欧盟以及北美自由贸易区共同形成"三足鼎立"之局面，推动国际经济新格局的尽快形成，继而对全世界的经济发展带来重大影响。当前全球经济一体化、区域经济多极化的形势愈来愈清晰，无形之中构成了彼此密切交织的局面。"一带一路"的战略成果并不单单惠及中国，还会惠及到沿线各国以及其他有关区域。推出并实施"一带一路"发展战略体现了我国勇于担当、坚持共赢的精神理念，有利于推动我国和沿线各国一同努力，加强、加深多领域合作，同呼吸，共命运，促进中国梦与世界梦的尽早实现。

四、实施"一带一路"倡议，有利于让中国更好地和世界相融，构建公正、公平的关系模式

纵观旧的国际秩序可以看出，它其实深藏着以大欺小、有失公允的黑暗面，尽管外表披着无害的外衣，不过依旧无法隐藏它那充满贪欲、充满霸占欲的劣根。发达国家仗着自己强大的军事

能力、雄厚的经济优势以及霸道的话语权，构建了一套利于自身的国际秩序，和人类文明的发展方向截然相反；而"一带一路"倡议理念正好与其相反，它对所有国家一视同仁，采取"求同存异"的理念进行国与国的对话，切实考虑到各个国家的具体发展状况。在此战略理念中，没有发达国家与发展中国家之分；不仅存在意识形态相同的国家，亦存在不同意识形态的国家。其实，"一带一路"倡议方针的提出与实施不单单是为了满足中国的发展需求，亦是为了促进沿线各国经济的发展。"一带一路"倡议与沿线各国的共同发展需求相统一，为促进各国发展提供了新的契机。"一带一路"倡议从根本上反映了我国的对外态度以及外交理念，比如和平共处、包容互惠等，这代表了国际秩序的发展方向。2015年，习近平主席在出席博鳌论坛时明确表示，"一带一路"倡议是一个极具开放性和包容性的战略，它并不是仅利于中国发展的战略方针，而是与沿线各国实现共赢的战略方针。它不仅能够在一定程度上削弱当前全世界治理机制的霸道性与权威性，还能够满足经济弱势国家的发展需求。"一带一路"倡议理念的实施从根本上来讲是对以互利共赢为根本的新国际秩序的真实践行，不仅能够让全世界各国变得愈来愈亲密，亦有利于推动各国实现更高层次的合作，共同致力于解决全球变暖、区域贫困等问题，致力于研发并提供新型环保、安全公共产品。践行"一带一路"倡议不仅与人类社会的根本利益相契合,亦反映了人们的共同心愿。习近平曾明确表示:"这是一个处处充满变革的世界,是一个机遇与挑战并存的世界,是一个国际秩序亟待重新建立的世界,是一个国家力量悬殊并逐步走向和平的世界。"历史经验告诉我们,积极践行"一带一路"倡议不仅能够强化各国区域经贸合作,还能够推动世界朝着和平方向不断发展。

第二章　道路与模式:"一带一路"倡议开创合作共赢新时代

推进"一带一路"建设,是党中央、国务院根据全球形势深刻变化,统筹国内国际两个大局作出的重大战略决策,对于构建开放型经济新体制、形成全方位对外开放新格局,对于全面建成小康社会、实现中华民族伟大复兴的中国梦,具有重大深远的意义。"一带一路"中,"一带"是从中国向欧亚大陆腹地及西部延展,"一路"是从中国向太平洋和印度洋延展,"一带"与"一路"对接,形同雄鹰展翅。

第一节　"一带一路"倡议开启和平发展新路径

一、"一带一路"倡议的经济学解释

随着经济全球化发展步伐的加快和我国改革开放的不断深化,我国近年来海外直接投资不断增大。2013年我国对外直接投

资流量已达1 078亿美元，2014年达到1 160亿美元，2015年达到1 180亿美元，其中对"一带一路"相关国家和地区的对外直接投资同比增长18.2%，占总额的12.6%。投资主要流向新加坡、哈萨克斯坦、老挝、印尼、俄罗斯和泰国等，投资领域主要涵盖了贸易零售、装备制造、交通运输业、信息技术服务等，其中装备制造业对外直接投资同比增长154.2%。随着国家"一带一路"倡议的深入推进以及亚投行的成立，目前我国已和巴基斯坦、俄罗斯、南非等国签署了电力、高铁等基础设施的战略投资协议，我国的核电、高铁、电气设备等高端装备制造产业的国际化进程随之加快。

"一带一路"构想和我国主导构建的亚洲基础设施投资银行体系在国际上引发了极大关注和强烈反响。"一带一路"倡议推动构建自东向西横跨亚洲，直达非洲、欧洲的地区发展合作框架，强调加强政策沟通、道路联通、贸易畅通、货币流通、民心相通，建立沿线国家的利益共同体、命运共同体、责任共同体。改革开放至今，我国正从当前的中等偏上收入国家向高收入国家迈进，亟须跨越"中等收入陷阱"，而扩大开放程度、充分利用国内国际两个市场和不同国家的比较优势和要素禀赋，通过一种经济框架，加强资源在不同国家间的交换，对我国稳增长、转方式、调结构等有重要的战略意义。当前我国正面临着国内投资边际收益递减、出口疲软、结构性产能过剩及地方债比例扩大的发展瓶颈，而"一带一路"是我国扩大对外开放，与周边国家和地区形成优势互补、加速资源互换，促进自身经济转型升级的有力抓手。

克鲁格曼（Krugman，1991）基于新贸易分工理论，提出在一定地理空间内的经济活动按照一般规律都会演进为一定规模的资源聚集，因此形成一种集群效应，在此过程中，集群内部逐渐形成专业化分工，能减少中间投入品的在途损耗，节省信息费用和交易成本，通过专业化分工使得生产效率极大提升，并产生更大的超额收益且获得规模报酬递增的效果。杨小凯认为基础设施建设可节省交易成本，促进地区协同分工和经济互补增长。当前"一带一路"沿线国家通常呈现类似的结构特征：基础设施条件差，资源开发能力弱，体制政策效率低，熟练劳动力缺乏和人才结构极为不完善，除了完善内部治理和提升全要素生产力，符合规律切实有效的外部合作也能突破贫困陷阱。

我国凭借 30 多年改革开放所积累的资金优势、技术优势和人力资本优势，通过与其他国家共建"一带一路"，能够为沿线国家提供全新的合作发展契机。第一，凭借制造和建造产业积累的出色能力，中国能为经济后进国家提供性价比最优的基础设施投资建设一体化解决方案；第二，依托阶段性充裕的国民储蓄和外汇储备，中国能有效帮助沿线国家跨越资本、技术、人才"三缺口"带来的发展瓶颈；第三，中国部分劳动密集型产业、过剩产能是沿线国家当前所急需的主导产业，符合产业梯度转移的规律，能够为沿线承接转移国家创造大量非农就业、提升人力资本、发挥比较优势提供现实机遇，同时也能帮助我国消化过剩产能、推动产业转型升级。因此，推进"一带一路"建设，是党中央、国务院根据全球形势深刻变化，统筹国内国际两个大局作出的重大战略决策，对于构建开放型经济新体制、形成全方位对外开放新格局，对于全面建成小康社会、实现中华民族伟大复兴的中国梦，具有重大深远的意义。

二、谱写和平发展、合作共赢的新篇章

"一带一路"以共商、共建、共享为原则，打造开放、包容、均衡、普惠的区域经济合作架构，践行权责共担、义利并举的新做法，追求美美与共、和谐共进的新前景，它穿越古今、连接中外、胸怀世界、放眼未来，使古老的丝路精神焕发出时代的光辉、升华到新的历史高度，也使中国坚持的和平发展道路、互利共赢的开放战略气韵丰满、根深叶茂。"一带一路"将为中国梦和世界梦插上腾飞的翅膀，为构筑人类利益共同体、命运共同体和责任共同体开启新的航程。

回望两千多年前,古丝绸之路跨越千山万水,将亚欧非大陆和海上许多国家点缀成线。商人、僧侣、学者、使臣络绎于途,丝绸、茶叶、瓷器、香料走进不同国家的宫廷和民间,宗教、哲学、音乐、礼仪文化相互激荡,各类见闻记载打开神秘的东西方世界大门,各国人民彼此相识相知。丝路为增进各国友好往来、促进贸易互通和东西方文明交流作出了巨大贡献,在人类历史中留下一抹亮丽的色彩。"和平合作、开放包容、互学互鉴、互利共赢"的丝路精神成为人类共有的历史财富。两千多年后的今天,中国摆脱所谓"国强必霸"逻辑和零和思维的旧框框,确立并坚定不移走和平发展道路,提出构建中国特色大国外交,倡导合作共赢、共同发展理念,弘扬正确义利观,牢牢坚持与各国人民友好相处的信念,牢牢坚持"计利当计天下利"的人间正道,牢牢坚持维护国家核心利益的原则底线,审时度势,顺应国内发展需求和亚欧非多国人民发展愿望,提出"一带一路"合作倡议,得到沿线60多个国家及一些国际组织积极响应。

与历史上的丝绸之路相比,"一带一路"具备更坚实的现实条件。从人文历史看,丝路精神熠熠生辉,沿线各国人民友好交往源远流长,"一带一路"将延续古丝绸之路友好合作的精神,在新的时期开启规模更宏大、内容更丰富、意义和影响更深远的新格局。从经济环境看,经济全球化持续深入推进,国与国的经济联系空前紧密，经济相互依存度继续提升，交通、通讯、信息技术飞速发展，极大地缩短了国与国之间的时间、空间距离。从政治关系看，区域一体化深入发展，东盟、上合组织、南亚区域合作联盟、海湾合作委员会、亚太经合组织等区域合作组织蓬勃发展，亚洲、欧洲内部经济融合步伐加快。同时，中国与东盟国家、中亚国家、中东欧国家、俄罗斯的关系稳步发展，彼此间各部门、各领域、各层次合作日益机制化、常态化，人员交流也达到较高水平。这些都为建设"一带一路"奠定了深厚的历史基础，提供了牢固的现实支撑。

当前国际国内形势发生很大变化。学者孟晓驷等认为："从国际上看，旧的殖民体系土崩瓦解，冷战时期的集团对抗不复存在，一大批新兴市场国家和发展中国家走上发展的快车道。经济全球化空前拉近了国与国的距离，互联网进一步拉平了这个世界，国际社会正在成为一个你中有我、我中有你的命运共同体。全球增长和贸易、投资格局酝酿深刻调整，亚欧国家处于经济转型升级的关键阶段，希望找到新的经济增长点，进一步激发区域发展活力与合作潜力。从国内看，经过30多年改革开放，中国经济发展取得显著成就，成为世界第二大经济体、第一大货物贸易国、第一大外汇储备国和第三大对外投资国。"① 与此同时，中国与世界

---

① 孟晓驷，等."一带一路"：开放、合作与共赢. 求是，2015（10）.

的关系也发生历史性变化，中国成为当今世界经济增长的重要发动机、国际体系和国际秩序的积极参与者和建设者，这让"中国应当对于人类有较大的贡献"有了更雄厚的底气。中国比以往更为需要也更有能力统筹国内国际两个大局、两个市场、两种资源，推动对内对外开放相互促进，构建开放型经济新体制，形成互利共赢的区域和全球经济布局。

"一带一路"涉及亚欧非众多国家和地区，东牵亚太经济圈，西接欧洲经济圈，穿越非洲，环连亚欧，总人口约44亿，经济总量约21万亿美元，分别占全球的63%和29%。沿线国家许多是发展中国家和新兴经济体，普遍处于经济发展上升期，开展互利合作前景十分广阔。"一带一路"自提出以来已取得重大进展，包括设立金砖国家开发银行、亚投行和丝路基金，开展铁路项目合作，签订自贸协定（区）等。目前，亚投行意向创始成员国已达57个。"一带一路"向世界宣告中国将坚定不移走和平发展、合作共赢的道路，有助于解决我国对外开放过程中出现的东快西慢、海强陆弱的问题，有助于我国从全球视野考虑价值链、供应链、产业链、能源链发展，构建海陆统筹、东西互济、面向全球的开放新格局，有助于保障我国能源安全、资源安全和经济安全。"一带一路"是沿线各国的共同事业，将为沿线各国和人民带来实实在在的利益。正如习近平总书记指出的，它"不是中国一家的独奏，而是沿线国家的合唱"。"一带一路"沿线许多国家拥有丰富的自然与人力资源，但面临资金、技术与基础设施瓶颈，中国与沿线国家存在政治互信、地缘毗邻、经济互补等优势，通过"一带一路"建设，可以将这些优势转化为务实合作、持续增长优势，促进沿线国家和世界的共同发展。

第二节 "一带一路"倡议与和平发展新模式

一、"一带一路"倡议与全球化再平衡

习近平总书记指出："当今世界是一个变革的世界，是一个新机遇新挑战层出不穷的世界，是一个国际体系和国际秩序深度调整的世界，是一个国际力量对比深刻变化并朝着有利于和平与发展方向变化的世界。"[1]"一带一路"是中国对外开放新的里程碑，是中国面对世界展开的"双翅"，必将飞向更加广阔的长空。实现世界均衡发展，不可能建立在一批国家越来越富裕，另一批国家长期贫穷落后的基础之上。发展中国家迫切需要构建一个更加公平公正平等的国际政治经济新秩序，提供更好的外部发展环境，以促进发展中国家更快、更好地发展。

---

[1] 习近平首提两个引导有深意. http://politics.people.com.cn/nl/2017/0220/c1001-29094518.html.

从全球视野观察，大国兴衰是一条历史规律。正如学者郭万超所言："在人类历史上，总是会出现一些大的发展机遇，在每一次重大的历史机遇中，都会产生一些新兴国家，也总会淘汰一些原来有影响力的国家，新旧国家更替也是一个世界历史现象。"①

传统全球化由海而起，由海而生，沿海地区、海洋国家先发展起来，陆上国家、内地则较落后，形成巨大的贫富差距。传统全球化由欧洲开辟，由美国发扬光大，形成国际秩序的"西方中心论"，导致东方从属于西方、农村从属于城市、陆地从属于海洋等一系列不平衡不合理效应。中国人民大学国际事务研究所所长、重阳金融研究院高级研究员王义桅认为："如今，'一带一路'正在推动全球再平衡。'一带一路'鼓励向西开放，带动西部开发以及中亚、蒙古等内陆国家和地区的开发，在国际社会推行全球化的包容性发展理念。同时，'一带一路'是中国主动向西推广中国优质产能和比较优势产业，将使沿途、沿岸国家首先获益，也改变了历史上中亚等丝绸之路沿途地带只是作为东西方贸易、文化交流的过道而成为发展"洼地"的面貌。这就超越了欧洲人所开创的全球化造成的贫富差距、地区发展不平衡，有利于推动建立持久和平、普遍安全、共同繁荣的和谐世界。"②

---

① 郭万超."一带一路"开创大国崛起新模式.人民论坛：学术前沿，2016（11）：48-51.

② 王义桅."一带一路"助推全球再平衡.人民日报：海外版，2015-02-06（1）.

二、"一带一路"开创大国崛起新模式

谈到大国崛起,从近代以来,我们大致可以归纳出三种主要崛起方式。"第一种是挑战现存大国的军事战略方式。德国、日本企图通过侵略扩张、实现崛起,最后导致整个国家崩溃;苏联走以意识形态和军事力量为根本,和另一个大国形成两极对抗体系的道路,结果是国力耗尽,最终走向自我解体。第二种是搭便车方式。二次世界大战后,在美国的盟国体系内,德国、日本又采取这种方式在一定程度上崛起,但这种崛起是不完整的,并没有实现真正的崛起,其负面影响迄今存在。第三种是以经济利益优先的霸权战略。"①19世纪末20世纪初的美国采取不主动挑战英国霸权,以经济利益优先逐步获得霸权的战略,实现了崛起。美国趁着当时的世界霸主英国忙于与后起的德国争霸无暇他顾,首先打击早已衰落的西班牙,取得在古巴和菲律宾的战略立足点,接着借法国财力不足之机,一举控制了巴拿马运河。后来又通过两次世界大战,使自己的国力大大增强。美国的崛起是近代史上唯一成功的大国崛起。

今天的中国崛起不可能采取以上三种模式的任何一种,因为是无论国际环境,还是中国自身的发展,都决定了她必须选择一

---

① 郭万超."一带一路"开创大国崛起新模式.人民论坛:学术前沿,2016(11):48-51.

条新路。一个国家的崛起包括内部崛起和外部崛起,而只有外部崛起才是真正的崛起。中国发展到今天,已经进入到影响世界的阶段,外部崛起的重要性凸显。"一带一路"倡议就是世界大国在全球博弈的结果。"一带一路"是中国崛起时代的大战略。从"一带一路"这个大国崛起新模式的特点,我们可以看出它与近代大国崛起模式的巨大差异。

(1) 它是和平型模式。正如习近平总书记所言,中华民族的血液中没有侵略他人、称霸世界的基因。英国哲学家罗素也说过"如果世界上有'骄傲到不肯打仗的'民族,那么这个民族就是中国"。常常有外国人会问:是什么精神支撑中国人投入那么多人力、物力修筑长城?实际上是一种爱好和平、追求和平的精神。而西方文明是一种竞争性、排他性很强的文明,自希腊、罗马时代的独立城邦,到中世纪欧洲大陆的封建诸侯,直至近代的民族国家,国家之间的利益冲突与实力竞争构成了西方世界体系的基本模式。"力量所及,则尽力扩张",国家"以实力来确定自己的利益",国家战略的核心问题是在相互冲突的国际环境中如何使用国家权力以实现国家目标和扩张国家利益。而从历史传统看,中国基本是一个战略内向型国家,国家命运的焦点是天下秩序的崩溃与重建,即所谓"国家兴亡,肉食者谋之;天下兴亡,匹夫有责"。保护国家不被倾覆,是帝王将相文武大臣的职责;而保护道德价值观不被颠覆,即使普通百姓也有一份责任。突出的天下情怀与鲜明的道德意识构成了中国战略文化的核心特征。在中国历史上极少出现以掠夺其他国家土地、财富、人口为目的的征伐,而西方国家从古希腊以来就充斥着对外扩张的历史,古罗马帝国的征伐就长达100多年,后来的"十字军东征"长达200多年,14世纪以来,西方对外扩张的历史更是达到600余年。

(2)它是文化型模式,要靠的是自己的文化。中华文化是伟大的优秀的文化,我们应该确立这种文化自信。世界历史上曾出现过20多种重要文明,但几乎都中断了,例如波斯文明、希腊文明、罗马文明。与所有这些文明不同,中国是唯一保持文明连续性的国家,其文化的独特性被延续下来。作为其象征的语言文字和文化传统5000余年不曾中断。这种连续性、独特性是中华文化具有创造力、生命力的表现。毛泽东同志说过:一个民族能在世界上在很长时间内保存下来,是有理由的,就是有其长处和特点。当然我们也不要贬低别人,中西方文化各有千秋。中华文化的主要特点:第一,具有高度的包容性。早在中国古代就有思想家明确地提出"和而不同",但"和为贵"。中华文化可以将各种类型文明的优秀因子加以黏合,其他文化的种子如佛教、市场经济等都能在中华文化的母体内找到自己发展的土壤。保罗·柯文认为,西方文明是最狭隘的文明,西方人从不把其他民族的观点放在眼里。而且，西方人为了留存自己的文化，往往强迫别人放弃自己的观点。在未来的日子里，西方必须了解其他国家并向他们学习，不再假定自己拥有根本的优越性。如果西方不能改变自负心态，这将成为其衰落的最终原因。第二，整体思维方式突出。无论在考察和分析自然现象方面，还是在工程、建筑、医学、艺术等社会实践中，都充分体现出这种思维的魅力。人类思维的进步、升华，既需要科学的分析，更需要整体的把握，需要二者的有机结合。中华文化中的整体思维和系统方法对推动现代科学技术的整体化、综合化的发展，对后现代化社会的思维方法都会产生深远的影响。季羡林先生曾指出：以分析为基础的西方文化也将随之衰微，代之而起的必然是以综合为基础的东方文化。第三，人学思想最丰富。中华文化强调人的自我修为、自我提升，注重人的道德的自律与自觉，明"人伦"、讲"中和"、求"致和"，蕴含着协调人际关系、讲究心态平衡的深刻思想。欧美式现代化虽然提高了人们的物质生活水平，同时也破坏了人与人之间的关系，出现夫妻离异、家庭崩溃、人情冷漠等社会现象。随着西方宗教的社会功能下降，更加凸显中国人学思想的价值。第四，中华文化具有丰富的人文精神，比如，天人合一、爱国主义、君子文化、礼仪文化、尚贤文化、忠孝文化以及人道主义精神等。这些都将为中国道路和人类文明进步提供宝贵的精神资源。

(3）它是共赢型模式。"一带一路"倡议之所以能够形成广泛共识并且得到越来越多的国家支持，从根本上说，是因为它所强调的互利共赢、平等合作、共同发展等理念，与沿线各国渴望和平与发展的诉求高度契合，与团结协作、共同应对全球性挑战的时代要求不谋而合，是人类命运共同体意识的具体体现。其实，从历史上看，中华文明具有繁荣红利的性质：文明越繁荣，输出的"和平"因素越多，带给世界的"红利"就越多。一千多年前，唐朝再次打通丝绸之路，是为了把丝绸、茶叶、瓷器销往世界，不是为了用兵。唐高祖李渊认为，对周边邻国应修德结好，和睦相处。繁荣的大唐派出去的不是强大的军队，而是去西天取经的玄奘和尚；强大的明朝派出去的也不是军队，而是给世界送去礼物的郑和。美国学者牟复礼和英国学者崔瑞德在其主编的《剑桥中国明代史》中讲到了明成祖与亚洲国家发展合作的情况，他们讲："永乐帝大力培植了与中亚各国的关系。在他统治时期，朝廷接待了撒马儿罕和哈烈的 22 个使团、32 个中亚绿洲国家的使团、13 个吐鲁番的使团和 44 个哈密的使团。这些使团都需要丰厚的礼物和贸易。它们给朝廷带来了诸如贵金属、玉、马、骆驼、羊、狮和豹；它们得到的赏赐是精美的丝绸和其他织品、白银以及纸钞及其他贵重物品。"

（4）它是开放型模式。唐朝之所以出现盛世局面，与唐朝开放包容的政治社会氛围有很大关系。唐代长安的人口中，外国的商人、使者、留学生、留学僧等总数不下 3 万人。当时来长安与唐通使的国家、地区多达 300 个。一些外国人在中国朝廷做官。而清朝正是因为闭关锁国才错失了市场经济的新文明，并与工业革命失之交臂，当西方的坚船利炮到来的时候根本无力抵抗。所以，一个封闭的文明即使可能看着很辉煌，但是如果它不知道别的文明正在兴起，就可能处在一个极端危险、极端脆弱的境地中。

因此，真正崛起的文明一定是一个开放的文明。我们在推动中国崛起的进程中，一定要开放胸怀，不断了解、消化和吸收所有最先进的文明要素并为我所用，才能做到可持续发展，才能真正地崛起。

三、"一带一路"倡议构建国际合作新模式

同济大学经济与管理学院张鑫认为："在国际国内新形势下，'一带一路'战略是对构建全方位对外开放格局和互利共赢的国际合作模式的新探索、新创举。"[1]这不仅有助于实现我国经济社会的持续发展，也有助于推动亚洲各国迈向命运共同体。

（1）在对外开放和国际合作的理念上，坚持平等互利、合作

---

[1] 张鑫."一带一路"构建国际合作新模式.中国社会科学报，2015-08-27.

共赢原则，探索共建发展共同体、利益共同体和责任共同体，谋求互利共赢的新模式。"一带一路"建设坚持合作共赢，追求共同发展，倡导平等对话，尊重道路选择；既欢迎沿线国家自愿平等地参与，也欢迎域外国家为本地区发展稳定发挥建设性作用。其建设目的在于创造一个包容性的发展平台，打破沿线各国领土纠纷、政治制度和宗教文化差异等各种合作障碍，共商、共建、共享经济发展之路，最终形成互利共赢的"利益共同体"和共同繁荣发展的"命运共同体"。这与第二次世界大战结束后完全由美国主导，以拯救欧洲经济为名，通过对外经济扩张，巩固自身全球霸主地位，遏制苏联和共产主义势力的"马歇尔计划"存在本质区别，也不同于当代具有明显遏俄色彩的欧洲"东方伙伴关系"。

（2）在对外开放和国际合作的方式上，实现了由东部沿海地区率先带动内陆地区的转变，由借江出海、借路出境向设立自由贸易区的转变，开始主动承建国内外交通、港口等基础设施，打造一条发端于中国各省市、贯通亚欧部分区域，覆盖约44亿人口的经济大走廊，并在互联互通的基础上，创造全方位的对外开放新格局和沿线各国共同繁荣的新局面。亚洲是当今世界最具发展活力和潜力的地区，也是国际战略竞争和博弈的一个焦点。面对周边领土主权争端、大国地缘政治博弈、民族宗教矛盾等问题交织叠加的安全态势，中国坚持"亲、诚、惠、容"的理念，积极倡导共同、综合、合作、可持续的亚洲安全观,努力走出一条共建、共享、共赢的亚洲安全之路。"一带一路"有助于亚洲及其他地区相关国家通过合作促进共同安全,有效管控分歧和争端,走上和平发展、合作共赢之路,同时有利于促进我国内陆地区的对外开放,进一步推动沿海地区开放型经济率先发展。

(3)在对外开放和国际合作的内容上,弘扬和平友好、开放包容的丝路精神,赋予古丝绸之路新的历史使命和时代要求。丝绸之路是古代中国与亚、非、欧等地区的国家开展经贸往来、文化交流的重要通道,对东西方文明的交流互鉴作出了重要贡献。我国提出并推动"一带一路"建设,就是要在新的历史时期,顺应区域经济一体化发展趋势和我国对外开放,尤其是西部地区向西开放战略,实现由单向引进资金和技术转变为输出、输入双向发展的新格局,通过推动国家之间的互联互通,为沿线国家的经贸往来、人文交流创造物质基础和便利条件,并在平等、包容、合作、共赢的基础上,形成利益共同体和命运共同体。正如习近平主席所强调的,这种互联互通是基础设施、制度规章、人员交流"三位一体",政策沟通、设施联通、贸易畅通、资金融通、民心相通五大领域齐头并进的全方位、立体化、网络状的大联通。

(4)在对外开放和国际合作的实施上,充分发挥金融的先导作用,通过主导建立丝路基金和亚洲基础设施投资银行(AIIB),

以股权投资、债权投资、贷款、提供担保等方式为亚洲各国的基础设施项目建设提供金融支持，从被动参与到主动参与、积极谋划，甚至逐步主导全球范围金融资产跨国配置。亚洲许多地区和国家的基础设施建设需求大、资金短缺。中国外汇储备多、国民储蓄率高，加上"中国建造"对外承包工程建设管理经验丰富，通过丝路基金和亚投行对接双方供求，可以帮助沿线国家超越储蓄与贸易"双缺口"的经济制约，在促进中国部分产业转移的同时，有助于沿线承接转移国家改善非农就业、发挥人力资本优势。正是由于这个共赢互利之举，可以为沿线国家提供全新的合作发展契机，因而得到许多国家的积极响应。相信未来一个时期，中国打造的"一带一路"建设融资平台及相关导向资金，将吸引更多投资者加入，从而形成规模集聚效应和良好的直接投资环境。这对打破传统国际金融机构一家独大的局面，提高资源整合能力，推动人民币走向国际市场等都将产生重大影响。

第三节 "一带一路"倡议与中国可持续发展

一、"一带一路"倡议区域市场的形成

"一带一路"倡议既包括国内部分地区，又包括国际部分国家

和地区，有其广泛的空间范围。就目前的规划范围来看，国内主要包括18个省级行政区。18个省级行政区具体包括新疆、甘肃、宁夏、青海、内蒙古、陕西、黑龙江、吉林、辽宁、西藏、广西、云南、上海、福建、广东、浙江、海南、重庆。即西北6省（区）、东北3省、西南3省（区）、东南沿海5省（市）及重庆市。国际空间范围包括中亚、东南亚、南亚、中东欧、蒙俄等沿线的60多个国家和地区，总人口超过40亿，经济总量超过20万亿美元。因为"一带一路"是一个开放的国际区域经济合作网络，尚未形成精确的空间范围，因此"一带一路"倡议空间内涵随着时间的推移，还会进一步扩大。"一带一路"沿线国家多属发展中国家，经济发展水平比较接近，资源禀赋丰富，经济互补性较强，在诸多领域的合作空间广阔。"一带一路"倡议的实施不仅可以拓展沿线国家之间的双边贸易和多边贸易，提升沿线国家的对外开放水平及国际分工的参与程度，而且对优化地区产业结构、提高经济发展水平等都具有重要的推动作用。同时，"一带一路"倡议对我国的经济发展也具有重大的推动作用。一方面，我国中西部地区发展长期落后于东部地区，而"一带一路"倡议的发展重心位于中西部，因此该战略的实施增强了中西部地区的发展动力，为中西部地区追赶东部发达地区提供了一个重要的契机。另一方面，目前我国产业结构失衡，产能严重过剩，"一带一路"倡议的实施则为落后产业的转移、过剩产能的消化提供了一个巨大的机遇。

中国与更多国家携手建设以"五通"为核心内容的"一带一路",形成内外联动、海陆统筹的对外开放新布局,使古老的"丝绸之路"延伸至现代版的国际"大合唱"。陈文玲指出:[①]一是政策沟通。加强政策沟通是"一带一路"建设的重要保障。取得推进"一带一路"建设的共识,构建沿线国家多层次政府间经济发展战略、宏观经济政策、重大规划项目对接的机制,形成趋向一致的战略、决策、政策和规则,结成更为巩固的"命运共同体"。二是设施联通。基础设施互联互通是"一带一路"建设的优先领域。推动沿线各国加强基础设施建设规划、技术标准体系对接,共同推进交通、能源、信息等国际骨干通道建设,突出抓好区域间互联互通,打通缺失路段,畅通瓶颈路段,提升通达水平,把活跃的东亚经济圈、发达的欧洲经济圈和经济发展潜力巨大的中间广大腹地国家结成携手发展的"利益共同体"。三是贸易畅通。投资贸易合作是"一带一路"建设的重点内容。中国将积极同沿线国家和地区共同建设自由贸易网络体系,拓宽贸易领域;共同优化产业链、价值链、供应链和服务链,促进沿线国家和地区产业互补、互动与互助;共同探索新的开放开发之路,形成互利共赢、多元平衡、安全高效的开放型经济体系。四是资金融通。资

---

① 陈文玲.打造全方位对外开放新格局.经济日报,2015-08-06(13).

金融通是"一带一路"建设的重要支撑。深化金融合作，推进亚洲货币稳定体系、投融资体系和信用体系建设。加快中国与沿线国家和地区本币互换和本币结算的步伐。共同推进亚投行、金砖国家开发银行筹建，充分发挥丝路基金以及各国主权基金在"一带一路"重点项目建设中的资金引导作用。在世界舞台上，一场"化蛹为蝶"超越意识形态的金融开放合作好戏正在进行。五是民心相通。民心相通是"一带一路"建设的社会根基。中国更高层次的开放是获得包括沿线国家和地区在内世界各国的文化认同。要使"一带一路"建设得到更多国家和地区的响应，必须传承和弘扬"丝绸之路"友好合作精神，推动不同文明交流碰撞，汇聚和释放文化促进发展的强大正能量，实现更有效率、更具包容性的增长。

二、"一带一路"带动我国装备制造产业升级转型

近年来，随着中国工业化率和全要素生产率的持续提升，作为我国七大战略性新兴产业之一，以高铁、核电为代表的高端装备制造产业在技术创新、工艺创新和知识积累上取得了长足进步，并在全球范围的局部区域形成较为明显的比较优势。同时随着资本结构、人口结构及要素禀赋的改变，我国高端装备制造产业有

了利用其比较优势,在国际市场上获得超额利润和向附加值更高的产业链上下游转型的内生动力。从促进产业结构调整和升级的角度看,"一带一路"将一方面加强周边的国际产能合作,另一方面向内大力推进产业创新。2015年5月16日,国务院印发《关于推进国际产能和装备制造合作的指导意见》,从沿线国家当前的工业化、城镇化发展水平出发,认为国际产能和装备制造合作将推动我国从产品出口向产业输出提升,有利于"一带一路"倡议的实施和推动。文件特别提出产业优先向亚洲周边国家和非洲国家输出。5月19日,国务院印发《中国制造2025》文件,认为我国与世界先进水平相比,制造业仍然大而不强。规划认为,一方面,以加快新一代信息技术与制造业深度融合为主线,以推进智能制造为主攻方向,促进产业转型升级;另一方面,以"一带一路"建设为抓手,推动高端装备、先进技术、优势产能向境外转移。

我国高端装备制造产业"走出去",到海外直接投资和实施并购,其路径是一套系统工程,必须要克服各种可能出现的"短板"才能可持续推进。一是基于"一带一路"倡议框架,做好宏观、微观两个层面的"走出去"路径规划。宏观上国家要按照"分层分类"的思路,明确不同国家、地区、产业的分工,根据"一带一路"大战略的推进任务，确定不同类型和层次的装备制造产业的输出时间与输出方式；从微观角度看，我国高端装备制造企业的海外战略既要与国家战略相匹配，也要符合企业自身所具备的要素禀赋条件。二是通过完善顶层设计，形成高端装备制造产业与产业资本共同"走出去"的"组合拳"优势。在"一带一路"建设过程中，金融是"牛鼻子"，发挥着调节资源配置和优化投资效果的作用。当前，由我国主导、50多国共同参与的亚投行（AIIB）已正式成立，之前还成立了金砖国家开发银行，为我国产业沿"一带一路""走出去、引进来"做好了金融框架的设计和准备。三是完善企业治理机制，增强组织和制度竞争力。现代企业治理结构优化的核心内容是通过企业剩余索取权和控制权的灵活配置，充分发挥产权的激励作用，增强企业在全球市场的竞争力。因此高端装备制造企业在组织结构调整时，首先要通过资产证券化与产权结构调整匹配进行，通过资产重组、明晰产权归属和使用范畴，使产权在海外资源配置中发挥更大作用，支撑装备制造企业海外战略的推进。其次要通过混合所有制改革，将部分产权向社会资本开放，通过产权改革加速企业的市场化改革，通过内部机制的调整激发更大的市场活力，使产品、技术、人力资本在海外市场具备更强竞争力。四是通过创新驱动，促进高端装备制造产业结构升级。在当前中国经济结构升级转型的战略背景下，我国高端装备制造企业应融合互联网+、大数据、人工智能、物联网、云计算、虚拟现实等技术，通过技术创新、产品创新和模式创新促进装备制造产业向微笑曲线的价值链高端转移，通过全要素生产力提升扩大高水平有效供给，在"一带一路"沿线持续形成市场优势并获取超额利润，促进产业在海外的可持续发展。五是加大"外语+"的国际化人才培养力度，优化人力资本结构。我国高端装备制造产业能够顺利实施"走出去"战略，"走得稳"且"走得好"，很重要的一个原因在于有一批懂得"一带一路"沿线国家语言，熟悉国际惯例、不同文化、不同地域经济环境的国家化人才队伍。因此要加大外语+的国际化人才培养力度，优化我国人力资本结构，使产业在"走出去"时，企业行为符合当地市场规则、政治环境和相关文化，并通过与当地劳动力的融合实现与沿线国家的共同发展。

三、"一带一路"倡议加快我国改革发展和对外开放进程

"一带一路"倡议不仅明确了对外开放的新路径，同时将成为中国经济新的增长点，加快我国的改革发展和对外开放进程。

(1) 巩固中国同中亚和东南亚的合作基础。杨秋芳认为:"丝绸之路经济带的核心理念是加强同中亚和东南亚国家的经贸合作,中国同中亚及东南亚各国历史上有着共同的发展经历,文化相通,合作基础坚固。"①中国新一轮的改革开放举措有利于通过共建"一带一路"形成对外开放新的增长点,所以关键是处理好中国与中亚及东南亚国家的关系,发挥好上合组织和中国东盟自贸区在推动多边合作中的积极作用,加强互联互通,优势互补,共同发展,共同受益,打造好同西部邻邦及东南亚邻国的友好合作关系。

(2) 逐步形成两个辐射作用。"一带一路"以中国加强与周边国家的合作为基础,可以逐步形成连接东欧、西亚和东南亚的交通运输网络,为相关国家经济发展和人员往来提供便利。②"21世纪海上丝绸之路经济带"不仅可以巩固和发展我国同东南亚的经贸关系,同时可以逐步辐射到南亚和非洲等地区,扩大中国的影响力。共建"丝绸之路经济带"的倡议之所以深受中亚各国的欢迎和赞同,是因为在已有的上合组织框架下,加快推进丝绸之路经济带建设具有良好的基础。同时,丝绸之路经济带的振兴势

---

①② 杨秋芳. 浅谈"一带一路"战略对中国与东南亚关系的影响及反思. 文化研究,2016(3).

第二章 道路与模式:"一带一路"倡议开创合作共赢新时代

必会形成对阿拉伯和东欧国家的辐射作用,其结果有利于新的欧亚商贸通道和经济发展带的形成。对中国来说,可以带动内陆沿边向西开放,相当于扩大了西部的发展空间,有利于增强中国的影响力,可谓一举多得。

(3)带动中西部加快改革开放。中国改革开放的实践表明,开放所到之处,经济即进入活跃发展阶段。西部大开发和中部崛起形成于2000年之后,同东部沿海相比起步较晚,必须加快对外开放。十八届三中全会提出的推动内陆沿边开放的要求,有针对性地提出了新的重要内容,只要加快推动和落实,将进一步激活内陆和沿边地区的经济发展活力。结合我国周边外交的发展重点,通过开放实现体制和机制的创新,全面提升内陆和沿边开放性经济水平。建设"丝绸之路经济带"可以成为扩大中西部开放、打造中西部经济升级版的主引擎。

(4)促进东部地区的转型升级和对外投资。东部地区经过30多年的率先对外开放,已形成了贸易驱动型的外向型增长模式。目前企业面临着经济结构转型和海外投资加快发展的新阶段,加快同东南亚的互联互通,加快企业产品结构的升级至关重要。东部省份应寻求与东南亚国家合作的新支点,加大经贸合作力度,以点带面,形成联动发展的新局面。

推进"一带一路"建设,要实现与发展中国家合作模式的转变,创新合作模式,真正实现互利互惠。复旦大学教授赵华胜认为,中国与发展中国家合作的传统模式是输出廉价消费品,获取能源矿产资源。这种模式的潜力接近用尽,也越来越不受欢迎。[①]"一带一路"旨在打造我国改革发展和对外开放的升级版,以推销廉价商品和获取矿产资源为目标的模式也与之相悖。以新模式取代旧模式并不是停止输出消费品和放弃开发海外矿产资源,而是通过增加新的内容,改变合作的形式和内涵。新型合作模式应以推动"一带一路"沿线发展中国家的经济现代化为要义,这是我国与这些国家共同利益的真正契合点。新型合作不仅符合对方国家的利益和需求,还将提升中国经济存在的形式,从以商品存在为主进入到实体经济,同时有助于改善我国的形象,提高我国的政治地位。"一带一路"建设只有对发展中国家的现代化诉求作出回应,才会为这些国家所真正接受。

---

① 蒋希蘅,程国强."一带一路"研究若干观点要览——对近期国内学术研究、国外研讨会观点的调研报告.北京日报,2014-10-20.

第三章 经济与政治

本章主要阐述中国借"一带一路"提出的重塑中国经济地理到重塑世界经济地理,以及亚洲地缘政治态势与全球形势。

第一节 地缘政治视角下的"一带一路"倡议

一、"一带一路"倡议提出的地缘政治背景

近代以来,欧亚大陆一直是世界的中心。英国地缘政治学家麦金德的"心脏地带"理论和美国地缘政治学家斯皮克曼的"边缘地带"理论,都将欧亚大陆视为世界的中心。麦金德地缘政治学说的核心是"世界岛"和"心脏地带论",他将亚欧大陆称之为"世界岛"。[1]关于"世界岛"与"心脏地带"在全球地缘政治中的地位和作用,麦金德认为:"谁统治了东欧,谁就能主宰了心脏地带;谁统治了心脏地带,谁就能主宰世界岛;谁统治了世界岛,

---

[1] 麦金德. 陆权论.北京:石油工业出版社,2014:48.

谁就能主宰全世界。"①斯皮克曼地缘政治学说的核心是"边缘地带论",该理论在麦金德的"心脏地带"理论基础上有所发展。他提出的"边缘地带"是指欧亚大陆的沿海地区,包括从西欧、南欧、中东到南亚次大陆和远东大陆等沿海地区。欧亚大陆的"边缘地带"是处于心脏地带和海洋之间的中间地带,是海上强权与陆上强权爆发冲突时的缓冲地带。因此,"边缘地带"是世界权力之争的要害地带,是世界地缘政治的"核心地带"。斯皮克曼认为:"谁控制了边缘地带,谁就控制了欧亚大陆;谁统治了欧亚大陆,谁就掌握了世界的命运。"②

中国虽然是连接"边缘地带"和"心脏地带"的地缘核心大国,但也面临来自地缘的困扰。由于缺乏缓冲地带,历史上中国被外敌从陆上和海上无数次入侵,甚至被陆海夹击。而且,近年来西方国家发起的多项计划,在诸多领域防范甚至挑战和威胁着中国,例如:日本、菲律宾等国借势挑起与中国的岛屿争端;美国此前推行的跨太平洋战略经济伙伴关系(Trans-Pacific Partnership Agreement,TPP)和跨大西洋贸易与投资伙伴关系(Transatlantic Trade and Investment Partnership,TTIP)等政策均对中国构成挑

---

① 麦金德. 陆权论. 北京:石油工业出版社,2014:107-108.
② 斯皮克曼. 边缘地带论. 北京:石油工业出版社,2014:57-58.

战。面对这样的国际背景环境,中国须采取非对称战略,推进"向西开放",以应对挑战。

2015年3月28日,国家发改委、外交部、商务部联合发布的《推动共建丝绸之路经济带和21世纪海上丝绸之路的愿景与行动》,对"一带一路"倡议布局的地缘空间进行了详细的阐释。从地缘经济政治环境的视角进行分析不难看出,虽然面临着诸多的地缘经济政治挑战,但是它包括了欧亚大陆的"中心地带"和"边缘地带",可充分发挥二者相连的地缘优势。学者王志民认为:"'一带一路'战略对于拓展中国的地缘经济政治空间具有不可低估的价值,可推进发展最具有活力的东亚地区经济与中亚、东南亚、南亚、中东、欧洲等经济板块相连,实现亚欧大陆的经济整合,进而带动和提升中国与非洲和南美的经济合作,转变经济发展方式。"①

二、"一带一路"倡议地缘政治、经济观的特征

党的十八大报告提出"海洋强国"目标,借力"一带一路"倡议实现陆海战略统筹,明确提出:"提高海洋资源开发能力,发展海洋经济,保护海洋生态环境,坚决维护国家海洋权益,建设

---

① 王志民."一带一路"战略的地缘经济政治分析.唯实,2015(4):20-22.

海洋强国。"自此,"陆海统筹"取代了此前"陆海二分",成为中国地缘政治经济战略的指导思想。而"一带一路"便是将这一理念加以贯彻和落实的战略,以海带陆、以陆促海,是新时期中国进取型地缘战略的核心手段,呈现出以下特征:

1. 创新周边外交思维,倡导"命运共同体"意识

以习近平总书记为核心的新一代中央领导集体提出的周边外交方针是与邻为善、以邻为伴,睦邻、安邻、富邻,坚持"亲、诚、惠、容"。这个创新的外交思维与以往的提法不同,新的睦邻、安邻、富邻主张是在中国快速崛起为一个有影响力的新兴大国的背景下提出的,它在中国"一带一路"倡议的实施中被赋予了重要使命和责任——构筑"命运共同体"。

2. 重塑国际经济新秩序,参与全球经济治理

重塑国际经济新秩序主要表现在以下几点:首先,在 G20 的国际机制框架下积极发声,就推进贸易自由化、加强多边贸易体系、稳定世界经济、推进全球经济治理等提出建设性意见。其次,积极参与金砖国家货币金融合作,筹建金砖国家开发银行和启动应急储备安排,目的不仅是"为金砖国家以及其他新兴市场经济体和发展中国家的基础设施建设、可持续发展项目筹措资金",而且"在帮助成员国应对短期流动性压力方面具有积极的预防作用,

将有助于促进金砖国家进一步合作，加强全球金融安全网，并对现有的国际机制形成补充"。

3. 重塑新型大国关系，服务于中国和平发展

2013年6月，习近平主席与奥巴马总统在美国加州安纳伯格庄园举行首次会晤。在这次"习奥庄园会晤"中，双方同意共同努力构建新型大国关系，其内涵为：坚持"不冲突、不对抗，相互尊重，合作共赢"原则。此后，中美两国领导人在不同场合以不同形式重申了构建中美新型大国关系的愿望和倡议。该原则的提出，给中美关系未来发展指明了方向，也为中国发展与其他大国的新型关系提供了思路。重新定义新型大国关系，既是对前几代中央领导集体理念的创新，也是对破解新兴大国和守成大国之间"修昔底德陷阱"的呼应。

4. 发挥主场优势，引领议程设定

例如，中国在2014年5月召开的亚信上海峰会上提出共同、综合、合作、可持续的亚洲安全观，该理念被写入《上海宣言》，是中国在新形势下打造亚洲命运共同体的和平外交政策。中国在2014年11月的APEC北京会议上同样发挥了主场优势，积极推动将亚太自贸区（FTAAP）建设列为主要议题，成功推动各方通过了《亚太经合组织推动实现亚太自由贸易区路线图》。

5. 提供国际公共产品，肩负大国的责任和使命

在"一带一路"框架下发起创立的亚洲基础设施投资银行（亚投行）、设立的丝路基金，为沿线国家的基础资源开发与利用、基础设施建设、产业合作等提供了强有力的金融支持。例如：在2014年内比都东亚峰会上倡议加快东亚互联互通建设，向东盟国家提供100亿美元优惠性贷款，并启动"中国-东盟"投资合作基金二期30亿美元的募集，中国国家开发银行还设立100亿美元的"中国-东盟"基础设施建设的专项贷款。

第二节 "一带一路"倡议的地缘政治观

一、地缘政治学的界定

据《中国大百科全书》记载：地缘政治学是政治地理学的一个部分，它根据各种地理要素和政治格局的地域形式，分析和预测世界地区范围的战略形势和有关国家的政治行为，地缘政治学把地缘因素视为影响甚至决定国家政治行为的一个基本因素，这种观点为国际关系理论所吸收，对国家的政治决定有相当的影响。[①]

---

① 中国大百科全书（政治学）.北京：中国大百科全书出版社，1992：57.

地缘政治学说是国际政治学说中的一个重要分支。地缘政治学说又被称为"地理政治学"。它把地理位置、国土面积、人口、民族、资源、经济实力、战略军备等地理因素,纳入影响甚至决定国家外交决策的主要因素。美国学者佩尔蒂尔和潘塞认为,地缘政治学是"运用地理学为政治目的寻求指导方针和艺术的科学"。因此,它也是一种"战略地理学",是研究国家的对外政治战略(包括国防和外交)决策与地理环境相互关系的学科。我国学者认为,地缘政治学说和地缘战略是利用地缘关系及其作用法则谋取国家利益的方略,根据时间的发展与理论特点,地缘政治学形成了各种各具特色的学说。地缘政治是凭借或依据地理空间之态势而进行的权力博弈,有关地缘政治的知识体系被称为"地缘政治学"。[①]

二、"一带一路"倡议的地缘政治价值

关于"一带一路"倡议的地缘政治价值,学者王树亮、童睿宗认为:"一带一路"倡议不仅是一项全球性的、宏观性的地缘经济战略,更是一项具有多重地缘政治价值的战略,能够起到改善

---

① 张江河. 对地缘政治三大常混问题的辨析. 东南亚研究,2009(4).

我国的地缘政治生态、维护地区安全环境、开辟纵向地缘政治关系、重塑世界地缘政治格局等功能。①下文，笔者将对"一带一路"倡议的地缘政治价值进行简要的梳理和分析：

1. "一带一路"倡议改善了我国的地缘政治生态

（1）我国地区发展的地缘政治层面。"一带一路"倡议构想的提出是实现我国地区之间均衡发展的需要。改革开放以来，西部地区较之东部沿海地区实行对外开放的时间晚、起步慢，客观上存在着地理区位、发展空间、国家区域发展政策、经济发展阶段的非均衡性。与东部沿海大都市相比，西部地区的城市无论在经济实力、基础设施、城市管理还是城市文化发展等方面均存在着较大差距；与东部沿海地区的农村经济相比，西部地区农村经济的差距更大。"一带一路"倡议将西北和西南地区纳入开放的前沿，有利于缩小东、西部地区的差距，推动国内各地区的均衡发展和共同富裕。

（2）我国周边地区发展的地缘政治层面。"一带一路"倡议的经济带动力很强，能调解我国周边地区在地缘政治上的分歧。我国作为世界第二大经济体，与周边国家在经济上具有明显的互补

---

① 王树亮，童睿宗."一带一路"战略的地缘政治价值考量．中共南宁市委党校学报，2016（1）．

性。我国的经济发展不仅不会给周边国家造成威胁，而且还会给周边国家带来一些潜在的发展机遇。在经济领域内的深度合作、互惠互利过程中，必将增强政治、文化层面的沟通和交流，促进社会领域的互商互助，以此弱化历史矛盾、避免争端，减少问题干扰，为"一带一路"倡议利益攸关国家和地区构建良好的政治生态环境，这也必将有助于减少干扰我国发展的消极因素，优化我国周边的地缘政治环境。

2. "一带一路"倡议维护了地区安全环境

"一带一路"倡议除了需要国家层面的政治合作和政策支持，还有赖于沿线国家的安全局势。但是，"一带一路"沿线国家和地区的局势并不稳定，从中国西部西出中亚、西亚至北非等广大地带，是极端宗教主义、恐怖主义等非传统安全威胁的重灾区，而且这些国家的社会发展水平和政权稳定性等也面临着重大考验。从中国东南沿海南下南沙群岛、西进印度洋，直至非洲沿岸和红海等地区海盗猖獗，严重威胁着海上交通安全。"一带一路"倡议的实施将极大地促进沿线各国在安全领域内的合作，不仅会消除彼此的敌视和戒备心理，还会增强军事领域内的合作，以期共同应对危害"命运共同体"发展的不利安全因素，进而起到维护地区安全的作用。

3."一带一路"倡议开辟了纵向的地缘政治关系

"一带一路"倡议的实施不仅能够改善我国周边的地缘政治生态环境,而且还能够将封闭式的"圈形"地缘政治生命线扩展为"线性"地缘政治纵深格局。我国学者王树亮、童睿宗认为:"麦金德的'陆心说'是由中心向外围扩张的'中心辐射'理论,而马汉的'海权说'却又是以点带线的以扼守海上交通'咽喉'为重点的'据点'理论。两种地缘学说的价值取向都带有明显的扩张性和单方利益性,与当今世界'和平统一、互利互惠'的世界潮流有所不同,而'一带一路'战略展现以互惠互利、合作共赢、人类命运共同体为核心的价值取向,必将被更多的沿线国家所接受和认同。"① "一带一路"倡议的布局以"互惠互利"的原则为政治价值导向,将我国地缘政治延伸为沿线国家,将我国的政治合作与交往的范围扩展至亚欧非三大洲。总之,"一带一路"倡议在地缘政治层面的价值在于,打破了以传统的国家为中心的地缘政治观,创造出"利益共同体"的全局性地缘政治观。

4."一带一路"倡议拓展了中国的地缘空间

地缘经济政治环境和政治战略,对中国崛起有着基础性作用。

---

① 王树亮,童睿宗."一带一路"战略的地缘政治价值考量.中共南宁市委党校学报,2016(1).

有学者提出:"经济全球化、区域合作潮流和国内深化改革将维持和延长中国所处的战略机遇期。但机遇与挑战同在,中国仍然面临着中等收入陷阱、修昔底德陷阱、周边安全陷阱、颜色革命陷阱等多重挑战。"所以,"一带一路"倡议是从国家根本利益出发,并结合我国经济发展情况和全面深化改革的现实而提出的,其实施目的是要与沿线国家合力打造一条世界上最长、最具发展潜力的经济大走廊。①

(1)"一带一路"倡议推进向西开放,构建东西互动的对外开放格局。我国的对外开放经历了由经济特区试点开放到沿海城市开放,再到沿江、沿边地区开放,最后是西部地区开放这样几个阶段。受地理区位条件影响,相对于东部地区,西部地区经济发展水平落后。"一带一路"国内段覆盖了我国西部地区,使西部地区由原来的"内陆腹地"变成"对外开放高地"。东中部地区不仅能够以西部地区为平台参与其中,积极互动,借此实现产业结构升级。并且,亚太经济合作组织(APEC)的提出,成为推动我国东部地区对外开放和促进亚太地区共同发展的一项重大战略举措。

(2)"一带一路"倡议的着力点为基础设施建设,以互联互通来连接亚欧大陆。互联互通涉及公路、铁路、水运、电力、通信

---

① 王志民."一带一路"战略的地缘经济政治分析. 唯实, 2015(4): 20-22.

等众多领域,以共商、共建、共享为核心内涵和目标要求。中国到东南亚、南亚以及亚欧大陆的公路网和铁路网都在建设之中。

(3)"一带一路"倡议将打通西南国际大通道,实现"两洋出海"。南方"丝绸之路"是比北方"丝绸之路"历史更悠久的通商古道,而且两千余年一直以边贸形式传承下来。孟中印缅经济走廊和中巴等经济走廊建设不仅将实现与相关国家的经济合作并促进共同发展,而且更重要的是,将中国经济通道延伸至印度洋,对中国实现两洋出海、打破"马六甲困境"有着极为重要的战略价值,贯通"一带"与"一路",同时也为青海、新疆等省(自治区)及中亚国家通往印度洋最近的出海口开辟道路,进而实现"21世纪海上丝绸之路"在印度洋上的新突破,反过来倒逼南海相关国家加快建设 21 世纪海上丝绸之路的步伐。[①]

三、从中国地缘空间的扩展到世界地缘政治格局的重塑

(一)中国地缘空间的扩展

在世界地缘政治中,中国属于陆地-海洋型国家。中国既有广阔的陆地战略纵深,又有漫长的海岸线。中国既是陆上大国,又是海上大国。这种得天独厚的地缘优势,使中国具备了实现陆权建设与海权建设齐头并进的地缘条件。适合上述中国地缘政治环

---

① 王志民."一带一路"战略的地缘经济政治分析.唯实,2015(4):20-22.

境根本特征的"一带一路"倡议,从陆地和海洋两个方面同时推进丝绸之路建设。

从陆地上来看,"一带"即"丝绸之路经济带"建设,向广阔的西部方向大力拓展,必将推动欧亚大陆经济的整合,必将提供在经济上拉近中国与南亚、中亚、西亚和包括沙特阿拉伯在内的海湾国家关系的机遇。"丝绸之路经济带"的建设还与中国国内区域发展战略相辅相成,必将加快中国"西部大开发"的进程,加强西部边界和各省(自治区)的安全。"丝绸之路经济带"建设将有力推进中国的陆权建设。从海洋方面来看,"一路"即"21世纪海上丝绸之路"建设,将使中国的触角超越西太平洋海域,向南深入南太平洋,向西开辟进入印度洋的通道,这将有利于中国开拓"两洋"出海大通道战略的实现。"21世纪海上丝绸之路"建设将有力推进中国的海权建设。①

"一带一路"倡议的实施将深化中欧、中俄合作,将推进欧亚大陆的一体化进程。欧亚大陆的一体化将产生既让美国回归"孤岛"的地缘战略效应,又让欧亚大陆重回人类文明中心的地缘政治效应,从而重塑全球地缘政治及全球化版图。正如刘文波所言:从现象上看,"一带一路"是经济发展战略;但从本质上看,适合中国地缘政治环境根本特征的,以推进中国陆权、海权建设为目标的,

---

① 转引自龚婷."一带一路":美国对中国周边外交构想的解读//孙哲.中美外交:管控分歧与合作发展:385.

陆海并进的"一带一路"倡议,是中国的地缘政治大战略。①

(二)重塑世界地缘政治格局

当今世界的地缘政治格局肇始于二战之后。20世纪90年代初期,随着苏联解体,经历了重大调整,由"美苏两极"的世界格局主导下的单边地缘态势,演变为"一超多强"的世界格局形势下的多边地缘生态,地缘政治格局朝着"美国主导、大国塑造、各国积极构筑"的方向发展,致使地缘政治格局出现了新的发展趋向。

一方面,"一带一路"倡议通过宏大的经济蓝图,将经济比较发达的西欧、具有巨大经济潜力和活力的东亚,以及两者之间的"塌陷地带"串联在一起。与此同时,还最大限度地整合沿线周边国家的地缘政治生态,重塑欧亚大陆的地缘政治格局;另一方面,欧亚大陆地缘政治的发展直接影响到世界地缘政治的格局,西欧诸多国家对"一带一路"倡议表现出的较大兴趣和积极的态度,迫使美国不得不加大对日本的倚重,改变其地缘政治的布局。②由此可以看出,"一带一路"倡议对世界地缘政治格局的影响,首先

---

① 刘文波."一带一路"战略构想的地缘政治分析.天津师范大学学报(社会科学版),2016(1).
② 王树亮,童睿宗."一带一路"战略的地缘政治价值考量.中共南宁市委党校学报,2016(1).

表现在对沿线国家、欧亚大陆的地缘政治生态影响方面，进而会触动全球的地缘政治生态环境。

从全球地缘政治的层面看，"一带一路"倡议构想的提出是基于"和平发展"时代主题的需要。和平与发展是我们所处时代最突出的特征，追求和平、实现发展是各国人民最大的诉求。维护发展大势，为地区和全球经济发展创建可持续发展的环境，是时代的要求。"一带一路"倡议构想顺应经济全球化、世界多极化、文化多元化的潮流，不仅会打破地理空间、民族文化、宗教信仰及社会制度等的限制，还会加强亚欧非大陆及附近海洋的互联互通，建立沿线各国互联互通伙伴关系，构建全方位、多层次、复合型的互联互通网络，实现沿线各国多元、自主、平衡、可持续的发展，在和平合作、开放包容、互学互鉴、互利共赢的丝路精神指导下加以整合，构建平等、开放、包容、合作的地缘政治新生态。

第三节 "一带一路"倡议的地缘经济观

随着新经济地理学的发展，区域经济、城市系统以及国际贸易等领域的研究越来越关注经济集聚的原因和影响。[1]

---

[1] 联合国经济和社会事务部人口司.世界人口预测 2015 版（World Population Prospects，the 2015 Revision）. http://esa.un.org/unpd/wpp/.

一、地缘经济学的界定

地缘经济学（geo-economics）是在冷战结束后出现的颇有新意的国际关系理论。当然，有看法认为，地缘经济学是研究一个国际经济发展与地缘变量之间相互关系的科学,是关于国家利益、经济现象和地缘关系的科学。[1]爱德华·卢特沃克（Edward N.Luttwak）强调:"地缘经济学是一种战略，对军事对抗起缓冲作用。"[2]我国有学者这样界定地缘经济学：以民族国家行为体为主导，以地缘因素为地理基点和政策辐射点，运用国家干预色彩浓厚的战略经济手段获取国家利益和权力，夺取地缘经济时代领导地位的国际政治经济学理论。[3]

二、中国经济地理格局演化的四个阶段

胡鞍钢、周绍杰等学者将中国区域发展战略和经济地理格局演化划分为四个主要阶段，分别为改革时期的区域均衡发展（1953—1978年）、效率优先时期（1979—1998年）、区域平衡发展时期（1999—2013年）和区域协调发展阶段（2014年之后），

---

[1] 李继东.论地缘经济时代的基本特征——从地缘经济学角度对冷战后时代的审视.世界经济与治理，2002（2）.
[2] 倪世雄.当代西方国际关系理论.上海：复旦大学出版社，2001.
[3] 宋国栋.地缘经济学刍议.平原大学学报，2006（5）：1.

对应了中国经济地理格局演化的四个阶段。[①]

（一）第一次重塑

中华人民共和国成立后，我国通过建立计划经济体制，第一次大规模地重塑中国经济地理。在计划经济年代，国家计划经济体制成为塑造中国经济地理的决定性因素，受国家当时发展的外部安全条件、经济发展初始条件和相对应的国家领导人的战略判断影响。从外部环境来看，中华人民共和国建立初期的安全受到台海局势的威胁，而美国的封锁和禁运也在一定程度上加剧了中国的经济困难。加之，在当时的国际环境下，中国只能选择实行"一边倒"的外交政策。从初始条件来看，新政权接管的是被战争摧毁的经济，资本极度缺乏，人力资本极度低下，70%的工业布局在沿海地区，而只有30%的工业位于内陆地区。毛泽东说："这是历史上形成的一种不合理的状况。"[②]这些因素也成为毛泽东提出均衡发展战略的基础，逐步形成了沿海和内地均衡发展的战略。

[①] 胡鞍钢, 周绍杰, 等. 重塑中国经济地理：从1.0版到4.0版.经济地理, 2015（12）: 3.
[②] 毛泽东. 毛泽东文集：第七卷.北京：人民出版社, 1999.

（二）第二次重塑

随着改革开放的实施，中国经济地理开启了第二次重塑。在经历了长达近 30 年的计划经济体制，以及随着中国所面临的安全环境的极大改善，中国开始实行改革开放政策，地区发展开始转向实行基于"效率优先"的战略，并期望实现先富地区带动后富地区，形成了中国经济地理第二次重塑的区域发展战略。这一战略布局是以邓小平为核心的第二代领导集体实施改革开放政策的重要内容，引入了市场和开放经济手段，实行沿海地区发展战略：先后设立 4 个经济特区、开放 14 个沿海港口城市、建立 4 大沿海经济开放区（长江三角洲、珠江三角洲、闽南三角区、环渤海开放区）以及设立上海浦东新区和天津滨海新区，逐步建立全方位的对外开放格局。通过直接参与国际经济，有效地实行外向型经济，积极吸引外国直接投资，直接采用国际先进技术，充分发挥了比较优势，东部沿海地区经济快速增长。在这一时期，在改革开放格局的大力发展下，中国成功地实现了由计划经济体制向市场经济体制的过渡，创造了经济增长的奇迹。胡鞍钢等学者认为："与第一次经济重塑相比，这一时期我国东部地区获得了更快的增长，总体的地区差距出现了先下降后明显上升的趋势。"[1]

---

[1] 胡鞍钢，周绍杰，等. 重塑中国经济地理：从 1.0 版到 4.0 版. 经济地理，2015（12）：5.

（三）第三次重塑

从 1990 年之后，尽管全国各地区仍然保持着高增长，但是地区发展差距迅速拉大。[1]西部大开发开始启动后，经历了"东北振兴""中部崛起"和"东部率先发展"，到"十一五"时期正式形成中国区域发展总体战略，我国开始第三次经济地理重塑。第三次重塑分别体现在国家的"十五"计划、"十一五"规划和"十二五"规划纲要之中。首先，"十五"计划提出了西部大开发战略。其次，"十一五"规划明确提出了实施区域发展总体战略，包括四大板块：推进西部大开发，振兴东北地区老工业基地，促进中部地区崛起，鼓励东部地区率先发展。[2]再有，"十二五"规划对区域发展布局进行了升级：再次强调了四大板块；遵循经济社会发展规律和自然规律，立足我国国土空间的自然状况，首次制定了《全国主体功能区规划》。[3]以上三次覆盖全国各地的重塑经济地理战略中，我国的区域经济发展战略不断走向成熟，在重塑经济地理的过程中，在充分利用"市场之手"、提高要素配置效率的同时，加强了"规划之手"的宏观导向功能，形成了东北、东部、

---

[1] 王绍光，胡鞍钢. 中国：不平衡发展的政治经济学. 北京：中国计划出版社，1999.
[2] 马凯. 中华人民共和国国民经济与社会发展第十一个五年规划纲要辅导读本. 北京：北京科学技术出版社，2006.
[3] 国家发展和改革委员会. 全国主体功能区规划. 北京：人民出版社，2015.

中部和西部四大经济板块,其主导思想是区域经济平衡发展,致力于缩小地区差距。

(四)第四次重塑

2014年召开的中央经济工作会议明确提出重点实施"一带一路"、京津冀协同发展、长江经济带三大战略,成为重塑中国经济地理的"三大支撑带",随着三大战略的深入推进,其带动经济增长的巨大潜力将进一步显现,也将进一步拓展中国经济发展的新空间。这三大战略构成了"4+3"区域经济发展总体战略,形成了中国经济地理的第四次重塑。

三、重塑中国经济地理的路径

经济全球化和国内区域经济一体化能够重新塑造一个国家的内部地理格局。

(一)促进经济增长与就业,缩小区域发展差距

经济增长源于要素投入及其效率的提升,中国经济增长的成功之处在于通过市场化改革和融入全球分工体系激活大量剩余与闲置要素,提升结构配置效率与全要素生产率,进而推动经济增

长。① "一带一路"倡议致力于打通新的跨国国际经贸合作通道，开辟包括中亚、西亚、东南亚、南亚、中东欧在内的新兴出口与投资市场，为中国经济增长提供对外开放的新亮点，从而打破我国对传统海外市场的过度依赖，进而带动国内劳动力就业。同时，它还将有助于增进我国中西部沿边地区（东北地区、西北地区、西南地区）的境外与边境经贸交流与合作，引导生产要素由东部沿海向中西部地区合理流动，在提升国内资源配置效率的同时，缩小区域发展差距。

（二）缓解产能过剩，促进产业及价值链升级

"一带一路"的提出为西部地区增强自身优势，承接东部产业的转移提供了优势和契机。"一带一路"沿线国家，尤其是处于转轨时期的中亚国家，轻纺织业较为落后，与我国经济互补性较强，发展边界贸易空间较大，并且这些国家对外联系不便，我国具有陆路联系的优势。西部通过承接东部的产业转移，不仅可以带动当地就业、促进经济增长，而且能够改善西部的产业结构，改变长期以来以资源为主的产业结构。在国内经济增长放缓的大背景下，依靠传统的贸易国已难以消耗我国的过剩产能，因此我国迫

---

① 盛斌，黎峰. "一带一路"倡议的国际政治经济分析. 南开学报：哲学社会科学版，2016（1）.

切需要开拓新的市场,"一带一路"倡议的提出,加强了我国与新兴国家的经济合作与交流。目前新兴国家和欠发达国家的基础设施建设仍然欠缺,中国积累的外汇储备可以作为拉动全球经济增长的资本金,同时也可以通过资本输出带动消化国内的过剩产能。

"一带一路"倡议着眼于通过加强与沿线国家的外交关系,增强经济合作交往与基础设施建设,将中国成熟的产业、技术、标准、管理模式与经验输出到沿线国家,为推动中国企业对外投资和提高海外收益开辟新的市场空间,从而有助于缓解国内日益加剧的产能过剩,同时促使企业在本国将优质资源更多投向研发、设计、品牌、营销等高端环节,实现国内产业及价值链的升级。共建"一带一路"将扩大中国与沿线国家在不同行业以及特定行业上下游之间的投资范围,推进投资便利化进程,通过共商共建各类产业园与集聚区探索投资合作新模式,从而为中国与沿线国家产能合作与产业结构调整升级提供广阔平台。①

随着贸易自由化程度的提高,与海外市场的贸易成本降低时,经济活动主要集中于区位优势比较明显的沿海地区,这些区域与海外市场的联系比较便利,内陆地区的产品为了运输到海外必须经过区位优势比较明显的沿海地区。如果贸易开放程度较高,与

---

① 卢锋,李昕,等.为什么是中国?——"一带一路"的经济逻辑.国际经济评论,2015(3):21.

海外市场联系紧密，随着国内贸易成本的进一步下降，经济活动将向沿海地区聚集，因为此时海外市场远远大于内陆地区的市场。随着"一带一路"倡议的实施，我国沿边地区的贸易自由化程度将得到进一步的提高。经济发展的区域化趋势，是国际地缘政治和地缘经济共同作用的必然结果。地缘经济优势不仅体现为更低的安全和经济成本，也体现为区域国家面对世界其他区域、联盟或国家经济政治竞争的共同利益。"一带一路"沿线国家主要分布在中亚、西亚、东南亚、南亚、中东欧地区，大多属于我国对外经贸关系中的"非传统"区域。拓展和加强与沿线国家的经贸合作将有利于中国向西进方向寻求战略发展新空间，有利于构建全方位开放新格局，打造南南合作的新型全球经济治理体系。"一带一路"将域内众多国家更加紧密地联系在一起，形成致力和平发展、共同繁荣的利益共同体和命运共同体，需要通过贸易畅通、货币流通、道路联通，协调经济贸易和金融政策，消除显性和隐性贸易壁垒，推动区域内国家经济自贸区建设，构建互利共赢的一体化经济。

（三）获取资源与能源供给，保障国内需求

在历史上，随着新大陆的发现及新航线的开辟，英国疯狂开拓海外殖民地而扩大原料来源；二战后的美国极力把势力范围渗透至油气资源丰富的海湾和中东地区，甚至不惜发动两次对伊拉克的战争；日本也始终把"能源外交"作为其外交战略的核心之一，通过积极开展与中东、非洲、中亚及俄罗斯等地区的能源外交来获取本国极其稀缺的自然资源。事实表明，大国的崛起必然伴随着全球日益激烈的资源与能源争夺。中国尽管地大物博，但庞大的人口基数决定了人均资源相当匮乏。而全球价值链中的"生产车间"角色不仅成就了中国全球最大制造国和出口国的地位，也使其戴上了全球第一能源消费大国的"桂冠"。

近年来，中国资源与能源的对外依存度持续攀高，经济增长在中长期内受到资源能源约束的影响日益显著，保障资源与能源的供给安全已成为刻不容缓的重要发展议题。

"一带一路"沿线国家大多为自然资源与能源充裕的地区，它们均与我国四大油气能源通道相连，成为"西气东输"项目的重要来源地。近年来，中国与俄罗斯、哈萨克斯坦、乌克兰、土库曼斯坦等国家的能源合作迅速升温，通过能源采购、修筑管道、参股、并购等形式，中国成功获取了大量外部油气资源，对开辟稳定、高效与安全的能源通道具有重要的战略与经济意义。建设"一带一路"将有助于进一步深化中国与沿线国家的能源项目合作，拓宽资源与能源进口渠道，更好地满足国内对清洁能源的生产与消费需求，并为实现可持续发展创造有利条件。

四、从重塑中国经济地理到重塑世界经济地理

"一带一路"使得中国内部格局和世界格局双向互动,构建了沿海一线与欧亚大陆桥的"大T字形",因此这个框架拓展到周边国家就形成了经济地理的视角,形成了两个大局的统筹。中国正在不断塑造本国的经济地理,同时开始对周边经济地理进行有意识地塑造,进而重塑世界经济地理。重塑世界经济地理和中国经济地理的本质是实现经济一体化,这就带动了区域一体化、全国一体化和周边地区一体化,特别是24个周边地区经济体,例如海上丝绸之路经济带就会带动几十个国家。正如胡鞍钢指出:"通过'一带一路'战略会达到以下三个重塑:第一,进一步重塑中国经济地理,实现全国经济一体化和发展大趋同。第二,进一步推动和重塑'一带一路'的经济地理,互联互通,实现欧亚大陆一体化和共同发展。第三,进一步重塑世界经济地理,推动全球基础设施现代化,提高全球经济增长,实现全球一体化,促进南北国家发展大趋同。"[①]

---

① 胡鞍钢."一带一路"——一场经济地理革命.财经界,2015(7):86-91.

第四章　文化与教育

两千多年前，中国汉代张骞两次出使西域，开辟出横贯东西、连接欧亚的陆上丝绸之路。此后，随着古代航海业的不断发展，明代郑和七下西洋，中外之间的海上贸易运输日益兴起，又逐渐形成海上丝绸之路。这两条丝绸之路不仅是古代东西方商贸往来的重要通道，也是古代东西方文化交流的重要纽带。古波斯文化、古罗马文化、古希腊文化、阿拉伯文化、古印度文化与中华文化交流碰撞，两河文明、恒河文明、黄河文明世界三大古文明交相辉映。①

诞生于中国的四大发明为欧洲文明的发展做出了贡献，正如美国学者德克·海德所说，倘使没有纸和印刷术，我们将仍然生活在中世纪；如果没有指南针，地理大发现的时代可能永远不会到来。马克思更精辟地论述道：火药、罗盘、印刷术，这是预兆资产阶级社会到来的三项伟大发明。古代陆上、海上丝绸之路传

---

① 孙存良，李宁."一带一路"人文交流：重大意义、实践路径和建构机制. 国际援助，2015（2）.

递的不仅有中国的四大发明、丝绸和瓷器，西域的葡萄、南亚和东南亚的奇珍异宝，欧洲的玻璃和雕塑，还有各地的音乐、绘画、舞蹈、宗教等精神文明也经丝绸之路传入中国，并深深影响中国人的社会文化生活，特别是佛教沿"丝绸之路"传入中国并发扬光大，又传播到朝鲜、日本等地区，"丝绸之路"因此或可被称为"佛教之路"。"丝绸之路"促进了佛教、基督教等多种宗教的传播和交流，也促进了不同文明的交流与互鉴，创造了辉煌灿烂的文化成果。[1]

回看丝绸之路上中外文明交融的历史，无不彰显着文化的凝聚力与向心力，无论是陆路或海路，国内外的先驱开拓者们整合了"一带一路"沿线的先进资源，实现了文化的互往与互利，促进了世界文明的进步，古丝绸之路的繁荣为当前我国的"一带一路"构想奠定了扎实的文化根基，创造了良好的历史条件，"一带一路"的提出是对于古老文化交流的当代延续，为沿线各国提供了具有时代特色的广阔舞台，其不仅是沿线各国资源共享的基本前提，是文明进步的现实要求，也是中华民族生生不息、繁荣昌盛的历史经验的总结和在新时期条件下的再发展。

---

[1] 释学诚. 文明的对话——中国佛教在"一带一路"中的文化纽带作用. 北京：人民出版社，2015.

第一节 文化交流是"一带一路"的灵魂

"一带一路"不仅是一条经济带,更是一条众多民族相处、多种宗教交织、不同文明交融的文化带。古丝绸之路鲜明体现出"和睦、和谐、和平、多元、共荣"的文化交流特征。在当今形势下,可以把"中国梦"同各国人民过上美好生活的共同愿景对接起来,共同追求中国人民和各国人民的福祉。

无疑,文化交流作为建构国家间关系的一项长期的基础性工作,是"一带一路"发展倡议的主要内容之一,更是"一带一路"倡议的灵魂。党的十八大报告把文化交流放在更高的战略地位,明确提出扎实推进公共外交和人文交流。在"一带一路"进一步深化合作的大背景下,为了实现各个领域的密切合作,"必须得到沿线各国人民的支持,必须加强人民友好往来,增进相互了解和传统友谊,为开展区域合作奠定坚实民意基础和社会基础"。通过人文先行,争取民心,增强沿线国家的命运共同体意识,夯实双方关系的社会土壤,深入推进"一带一路"建设的务实合作。

一、"一带一路"需要文化先行

"一带一路"覆盖全球约63%的面积,约44亿人口,沿线民族众多、文化多样、生态独特。陆上丝绸之路连接中亚，辐射阿盟伊斯兰文化国家，海上丝绸之路面向东盟，辐射亚太及环太平洋国家。"一带一路"倡议所面对的，既有同属儒家文化圈的部分亚太国家，也有分属伊斯兰教、佛教、基督教不同宗教文化的众多国家。在当前复杂局势下，"一带一路"涉及地理范围区域复杂、政治敏感、民族分异明显。一些国家和地区社会动荡、民族对立、宗教冲突、经济失调等问题时有发生。文化的异质性构成"一带一路"合作前景的巨大张力，同时也对中国"一带一路"倡议凝聚各国共识提出了复杂命题。

"一带一路"与古代"丝绸之路"很大的不同在于今天的"一带一路"是由上而下的。"一带一路"要取得像古代"丝绸之路"那样由下而上的内在活力就必须与人民、与民间创造实现更紧密的联系，同时也必须在文明交流融合中更好地实现不同民族的共存共处。"和平合作、开放包容、互学互鉴、互利共流"是其基本的原则。国务院最新授权发布的《推动共建丝绸之路经济带和21世纪海上丝绸之路的愿景与行动》提出共建"一带一路"的五大重点合作领域，即政策沟通、设施联通、贸易畅通、资金融通、民心相通。促进丝绸之路文化的繁荣与发展能够很好地承接"五通"的战略定位，尤其是"民心相通"的构想。"观乎人文，以化成天下",文化是柔性概念,能够真正实现不同民族间内在的融合,促进不同语言、不同宗教背景民众间的交流与互信。可以说,民心相通是"一带一路"建设的社会根基。国之交,在于民相亲。加强"五通"的构想中,民心相通是最需下工夫推动的一个。通过"文化先行"的方式加强中国与丝绸之路沿线各国在文化信仰和价值理念上的沟通,以"文化相通"推进"民心相通",以文化形象传播和彰显和平友好的国家形象,对于"一带一路"倡议目标的实现具有不可替代的作用。

二、"一带一路"促进文化交流

"一带一路"这一战略构想,高举和平发展的旗帜,积极主动地发展与沿线国家的经济合作伙伴关系,共同打造政治互信、经济融合、文化包容的利益共同体、命运共同体和责任共同体,特别强调倡导文明宽容,尊重各国发展道路和模式的选择,加强不同文明之间的对话,求同存异、兼容并蓄、和平共处、共生共荣,将丝绸之路延续千年的经济、文化、商贸友好交流传统继承下来并赋予新的时代含义。各国间的关系发展既需要经贸合作的"硬"支撑,也离不开文化交流的"软"助力。可以说,"一带一路"既是经济战略,也是文化战略,通过实施这一战略,以进一步深化与沿线国家的文化交流与贸易往来,促进区域合作,实现长远发展,使沿线各国都可以吸收、融汇外来文化的合理内容,促进不同文明的共同发展、共同繁荣。这为各国间的文化交流提供了一个广阔的舞台,对于中华文化的繁盛崛起、自信自强和"走出去"具有重要的意义和作用。

(一)"一带一路"将突破西方话语体系,传递中国文化价值观

文化是一个复合概念,与一国的政治、经济位势无不关联,"丝绸之路"的文化内涵更是如此。意识形态与政治价值观成为东西方跨文化交流过程中面临的重要障碍,在不均衡的信息传播秩序下,中国的"文化自觉"值得予以特别强调。要突破"传而不通,通而不受"的国际传播困境,"真正的对话"需要从文化层面出发。

军事、经济等硬实力一度是国际竞争的重要方式,世界上早期的全球主义者们依靠经济入侵及武力强权称霸海洋、主宰大陆。但当今世界,国际竞争已发展到柔性概念,扩展到文化领域。冷战结束后,美国开始从军事竞争转向综合国力的竞争,其中又以文化产业所引领的意识形态输出竞争最为激烈和特殊。随着全球一体化的加深以及后现代主义理念的呈现,世界也将不再主张采取侵略或军事竞赛的方式来建立国际秩序。在新的历史条件下,

与既往多个海洋文明国家不同，中国将坚持和平崛起的方式。《道德经》第四十三章言："天下之至柔，驰骋天下之至坚"，真正让一个民族得到扩张和强大的是其文化，要以文化之渗透和交融谋取民族长远的存续与发展。一个拥有过灿烂历史文化的中国，在当下作为体量巨大的新兴经济体崛起的同时，能否完成一个文化大国的独特建树，实现与世界更高层面的对话，这是当下"一带一路"倡议面临的重要课题。

  古代丝路推动了我国与沿线国家宗教和思想文化的交流。现代文明条件下，"一带一路"需要超越古代丝路，更积极地推广和分享我们自身的文化价值观，使中国文化对世界多元文明协同发展做出积极贡献。我国的文化传统始终坚持"己所不欲，勿施于人""以礼相待"等为人处世的基本道德原则，因而平等友好、互惠互利是古代陆上、海上丝绸之路对外交往活动的主旋律。西方现代文明一个重要的特点是发展的合理性建立在工具理性追求"效能"的逻辑基础上。这在推动人类主体意志获得空前胜利的同时，也引发种种现代性问题。而东方哲学所富含的以关注人之生命意义的安顿为主体内容的价值理性，在当下看来，可能是对于现代工具理性的一种补充和纠正，有助于人类文明对现代性危机的化解。这也将是中国文化在当下更好地融入世界，并发挥独特影响力的价值所在。

（二）"一带一路"将推动参与国家和地区的科技资源共享与智力支持

中亚地区拥有苏联时期航空航天、精密机械等方面丰富的科技文化遗产，时至今日某些技术装备仍位居世界先进行列，但中亚地区自身工业结构、市场需求等因素使这些技术装备长期处于尘封状态，而"一带一路"将东亚至欧洲的广大地区联系起来，巨大的市场空间和技术合作潜力必将使这些科技遗产重新焕发活力；欧洲城镇化建设的经验、生态技术、精密制造等对我国经济建设的推动作用较大，但目前欧洲先进技术、优秀人才进入中国还存在不少障碍，"一带一路"为中欧技术交流合作提供了广阔的中间过渡地带；中东国家的节水农业、印度的信息产业等技术优势也比较明显，合作交流的潜力巨大。另外，随着"一带一路"经贸往来的频繁，各类高校、研究机构、企业间的学术交往、人才交流、技术合作等也将日益加强，为科技创新和人才培养提供了丰富的土壤。

（三）"一带一路"为各国文化融合创新疏通了渠道

不同的经济发展程度和社会政治背景，使得各国、各地区的文化具有丰富多彩的特色，多样化、多元性意味着差异和矛盾，这种差异和矛盾在带来更大变数的同时，也带来更大的文化发展空间，因为文化发展的动力机制正是文化交流、碰撞、融合、创新。在几千年的历史演变中，中国传统文化在中外交流中凸显着民族个性的同时，也受到域外文化的影响，正是在这种撞击与交汇中实现着自身的生长和创新。"一带一路"倡议对于文化大发展、大繁荣的意义也在于此。因此，"一带一路"建设的着眼点是各相关国及背后多元文明的群体性复兴，是建立在文明融合而非文明冲突的立场上，是以文化的交流交融为经济建设搭桥铺路并提供价值引领和支撑。这就要求各相关国家必须加大文化的对外开放水平，通过文化的传承、交流和创新，使古老文明在现代社会焕发新的活力，这种交融也将为区域经济一体化奠定坚实的民意基础与社会基础。

（四）"一带一路"为文化产业开拓市场提供了历史机遇

文化消费需要广阔的市场，消费主体越广泛，文化的传播就越广泛，文化的影响力就越大，文化产业的市场空间也就越大。"一带一路"倡议的实施，使不同文化背景、不同宗教信仰的各国、各地区、各民族人民交流更为密切，为各种优秀文化及和谐发展、和平共处理念的传播提供了途径，同时也为文化消费、文化产业跨越国界开辟了道路。文化产业的跨越式发展，需要发挥好国内、国际两个市场、两种资源的优势，同时也要求文化产业积极主动地参与国际分工和转型升级，进入全球文化产业价值链的更高层次。从这个意义上讲，文化产业作为文化与经济双核战略结合的重要载体，在实施"一带一路"和推动中华文化"走出去"战略中将发挥出突出的作用。

三、"一带一路"文化交流的途径与策略

（一）加强顶层设计和战略部署，推动政府间文化交流与合作

国家发展改革委、外交部、商务部在《推动共建丝绸之路经济带和21世纪海上丝绸之路的愿景与行动》中强调，要"加强政府间合作，积极构建多层次政府间宏观政策沟通交流机制，深化利益融合，促进政治互信，达成合作新共识"，"共同制定推进区域合作的规划和措施，协商解决合作中的问题，共同为务实合作及大型项目实施提供政策支持"等等。

孙存良、李宁在《"一带一路"人文交流：重大意义、实践路径和建构机制》中提出：通过顶层设计和战略部署，建立一系列有效的政府间文化交流机制，是新形势下对外发展的必然，通过机制化的手段提升人文交流的能力和水平，也是更好地实现并维护"一带一路"利益共同体的方式。[1]

---

[1] 孙存良，李宁."一带一路"人文交流：重大意义、实践路径和建构机制. 国际援助，2015（2）.

一是建立文化教育部门相关领导定期会晤机制。举办"一带一路"各国的文化交流论坛,从制度和政策层面把握文化交流合作的态势及走向。同时在中国建立专门的丝绸之路文化交流中心,并设置专门研究多边文化交流合作问题的机构,为彼此的文化交流合作给予理论上的指导。

二是加强人文交流高层磋商机制的建设。"一带一路"人文交流涉及的领域广泛,内容具体,时效性长,对所系国家人民影响深远。因此应将人文交流高层磋商机制纳入中国与"一带一路"沿线国家战略对话的机制中,从而使中国与所系各国沟通协商的基础更加广泛与深厚,实现真正意义上的互信互通。这就需要将这一机制以常态化的形式延续下去,甚至可以考虑通过法律法规的形式加以保障。"一带一路"人文交流磋商可能会涉及双方的核心价值观以及意识形态上的一些问题,我们在这方面不应该采取避而不见、与之抗争等过于消极的或激进的态度,而是应该更好地利用这种机制,发挥它的能动性,在合作交往中争取更大的主动权。

三是建立"一带一路"高级别人文交流对话机制。在高级别人文交流对话机制会议上,双方可就沿线国家教育、科技、文化、体育以及媒体和青年等领域的合作进行商讨,签署谅解备忘录、联合公报等协议、文件。通过扩大双方人员经常性往来，循序渐进，为双方各层次、各领域相互理解、相互学习创造更多的机会和条件。通过更系统和制度化的规划，双方人文交流的内容将更加丰富，交流层次和质量效果也会进一步提升，我国和"一带一路"沿线国家关系将得到进一步深化和拓展。

（二）充分挖掘特色文化资源，开展文化创新，打造文化交流品牌

只有全面而准确地表现深厚的传统文化资源和丰硕的当代文化创新成果，才能更好地推动中华文化"走出去"，为人类文明做出中国独特的贡献。

一是要研究沿线各国风土人情、民族习惯、文化渊源、审美趣味和时尚潮流。充分考虑各种文化背景下的消费习惯和风俗因素，研究国外不同受众群体的文化传统、价值取向和接受心理，找到他们的关注点和兴趣点，有针对性地开展适销对路的文化产品和服务，形成文化名牌，使中华文化不但能"走出去"，而且能"走进去"，最大限度减少"文化折扣"现象。还要发挥现有丝路品牌工作成果优势，精心打造新的文化交流品牌，举办形式多样、丰富多彩的文化论坛、展览、演出活动。要围绕"文化新丝路"

的主题，联合翻译、出版相关书籍，拍摄、播放有关影视片。利用网络平台和新媒体手段，通过音乐、演出、动漫、网游等文化产品，加强文化交流合作，提升中华文化影响力。①

二是充分挖掘"一带一路"的历史文化遗产，引导和动员民间力量开展丰富多样的文化交流活动，整合中西部省区的独特资源，形成建设"一带一路"的合力。②要组织系列"丝绸之路"文物展活动，深入挖掘丝绸之路的灿烂文化和宝贵精神，发挥地方政府作用，对地区的文化交流资源进行深度挖掘，并围绕丝路历史上的人文事件进行资源整理，举办丝路文化联展，加深彼此国家民众对古代双方文化交流的全面了解。深化地方政府同沿线国家、地区文化互访、交流，举办文化活动，发展文化贸易，实现文化资源互通共享。支持沿线有关国家联合申请世界文化遗产，在坚持其独特价值观和文化特色的基础上实现内容和载体的创新，发挥各国在文化资源、制造、资本、人力等多方面的比较优势，将各自的潜在优势转化为实际发展成果，实现互利共赢、共同进步。

三要注重文化科技的深度融合，开展文化创新。当今社会是

---

① 吴忠. 在"一带一路"战略实施中推动中华文化走出去. 深圳特区报，2015-08-18（B09）.
② 蔡武. 坚持文化先行　建设"一带一路". 求是，2014（9）：44-46.

技术统治时代，很多文化变革、文化创新往往是技术发展和突破所带来的。创客、"互联网+"、工业4.0等体现了经济未来发展的趋势，也代表着"一带一路"的建设方向。加强文化与科技的融合，提高文化的传播力、表现力，能够使文化产品更有力地影响世界、造福人类。一是要推动有关科技领域先进、共性、关键技术成果向文化领域的转化应用，创新文化产品及服务模式，提升文化产品的科技含量。二是运用互联网思维带动文化与科技融合。互联网改变了社会生活，也逐渐改变着传统的商业模式。在推动文化与科技的融合发展中，要坚持平台为王和内容为王并举，不断推动基于互联网和移动互联网的商业模式创新，推动专业垂直、O2O模式、股权众筹以及在线参与等新兴模式成为文化产业发展的主流。

（三）大力发展文化产业，推动文化交流

"一带一路"沿线国家有很多特色文化资源，在资本聚合的过程中，要根据合作国家的文化资源特性，建构不同价值形态的文化产业合作发展平台，通过产业资本来发展不同国家与民族的有竞争力的文化产业业态，从而实现保护不同的文化生态，这是极为重要又极具战略前瞻性的突破口与重要抓手。

与古代"丝绸之路"相一致，"一带一路"的发展需要更多地激发民间的活力与多元创造性。随着文化产业在全球范围内的兴起，及其在国家经济结构转型和综合国力提升中地位和作用的凸显，应该越来越重视以发展文化产业的方式来推动"丝绸之路"的复兴。2014年，文化部提出大力发展"丝绸之路"文化产业，意在将文化产业发展融入"一带一路"建设总体战略布局。"丝绸之路"文化产业战略发展的基本目标是将丝路沿线地区打造成"一带一路"建设的文化创新带、交流先行区、经济增长极和区域稳定器。

"丝绸之路"文化走上产业化发展快轨，所需解决的基本问题是实现各类丝路文化资源与现代文化生产和运营方式的对接，也就是在市场经济条件下，以需求为导向、效益为目标，结合市场逻辑和经济原则去重塑和整合丝路文化产品与服务。文化旅游、文艺演出、工艺美术、民俗文化等产业门类是传统上认为的"丝绸之路"文化优势产业。产业化发展道路上，应着力提升特色文化发掘、创作和讲述能力。丝绸之路的历史史诗、宗教文化、民族神话、异域音乐、人文景观等文化资源都有望成为极具差异性的文化内容。而在信息化、数字化、网络化的今天，文化产业最具生机和活力的部分是以数字内容、信息服务等为代表的新兴业态。科技改变产品形态，"丝绸之路"文化产业新的考量就在于，促进丝路特色文化元素与高新技术相结合，适应现时代文化消费的需求。每一个时代都有代表这个时代生产力的科技形态,今天的时代可称之为信息时代,网络信息技术是当下时代生产力的代表方向。找到了与现代信息科技的结合点,就找到了丝路文化产品形态的发展方向和产业的可持续增长空间。在新的历史条件下,发展"丝绸之路"文化产业,既要立足传统历史文化资源,更要迎接时代机遇和挑战,搭乘产业化、全球化、信息化快车,使"丝绸之路"文化的古代资源与现代生产力、生产方式相结合,实现资源的活化。①

(四)发挥贸易平台的带动作用,突出资本带动文化交流的整合优势

文化交流是"一带一路"的先行官,但同样也需要载体进一步推进,因此要发挥贸易平台的带动作用,突出资本带动文化交流的整合优势。推动文化"走出去"就要推进各种国际化、外向型经济文化交流平台的逐步建立和完善。以深圳文博会为例,自2004年创办以来,已成功举办11届,累计总成交额超过1.3万亿人民币,其中出口额累计超过1 100亿元。②文博会的国际化、市

---

① 董鸿英,熊澄宇. 大格局中的丝绸之路文化产业发展:历史与当代的视角. 中国文化产业评论,2015(2):143-153.
② 吴忠. 在"一带一路"战略实施中推动中华文化走出去. 深圳特区报,2015-08-18(B09).

场化、专业化建设，扩大了文博会的品牌效应，其优化集中展示、交易和信息平台的功能，为促进中国文化产业发展、推动中华文化"走出去"和促进"一带一路"建设发挥了新的积极作用。要推进国家对外文化贸易基地建设，发挥北京、上海、深圳三个国家级对外文化贸易基地的辐射带动作用，从不同层面吸纳集聚文化贸易资源，创新体制机制，提供全产业链服务，使之成为功能完善的对外文化贸易服务链和国际文化贸易政策创新试验区，成为文化企业迈入国际市场的助推器。

资本"走出去"是"一带一路"建设的重要支撑，但目前文化类对外投资占比还很小，资本要素在文化贸易领域还没有形成规模。一是要形成以资本"走出去"带动优质文化产业和文化产品"走出去"的思维，鼓励文化企业创新投资方式，加强文化出口平台和渠道建设，"走出去"开展并购投资、联合投资，扩大境外优质文化资产规模，为文化产品和产业"走出去"奠定基础。二是探索设立对外文化产业基金，加强"一带一路"在文化领域的金融合作。人民币跨境结算、规划区域金融中心、筹建亚投行、设立丝路基金等工作的推进，为"一带一路"注入了新的动力和活力，在此基础上有必要探索设立对外文化艺术产业基金，围绕重点文化产业和重点项目，推动文化资源有效配置、生产要素合理流动、文化市场深度融合，形成丝绸之路文化产业发展金融布局。

（五）打造"一带一路"智库

智库交流是中国与"一带一路"沿线国家文化交流的重要组成部分，同时又在推动各方文化交流中发挥作用。①可建立各类"丝绸之路研究院"等智库，为政府"一带一路"合作决策提供建议，在有争议的问题上提供建设性的方案；运用智库间合作机制不断促进相互交流，在这一框架下，开展定期互访，共同举行研讨会，派遣人员进行访问研究。特别要加强青年研究人员的互动与交往，这对于维系和促进"一带一路"文化交流意义更大。智库还可利用专业知识引导媒体发挥积极作用，引领社会思考，在增进民众对"一带一路"国家间关系与政策选择的理解方面发挥重要的作用，夯实国家间文化交流的民众基础。

（六）开展多层次、多渠道、全方位的旅游合作

2014年11月8日，习主席在加强互联互通伙伴关系会上进一步指出："应该发展丝绸之路特色旅游，让旅游合作和互联互通

---

① 孙存良，李宁."一带一路"人文交流：重大意义、实践路径和建构机制. 国际援助，2015（2）.

相互促进。"2015年3月，国家发改委等部门发布的《推动共建丝绸之路经济带和21世纪海上丝绸之路的愿景与行动》也提出"加强旅游合作，扩大旅游规模，互办旅游推广周、宣传月等活动，联合打造具有丝绸之路特色的国际精品旅游线路和旅游产品"等具体部署和举措。

为此，国家旅游局将2015年中国旅游主题年确定为"美丽中国——2015中国丝绸之路旅游年"，口号确定为"游丝绸之路，品美丽中国"，"新丝路、新旅游、新体验"。丝绸之路是中国旅游最具有代表性的品牌之一，拥有很高的国际知名度和影响力，其沿线地区历史悠久，文化灿烂，旅游资源富集。人人都能参与其中的精神体验和经济消费活动，它在营造社会氛围、达成发展共识方面，有着无可替代的催化作用。通过举办"丝绸之路"旅游年，可进一步深化"丝绸之路"沿线国家旅游合作。以"丝绸之路"为纽带和桥梁，集中推广"丝绸之路"沿线悠久的历史、灿烂的文化和丰富的旅游资源，有利于形成密集强大的宣传攻势，强化聚合效应，可以进一步推动中国与东南亚、南亚、中亚、东北亚等众多区域交流与合作，激发国际旅游业界和入境游市场对"丝绸之路旅游"的向往和热情，建立互联互通的旅游交通、信息和服务网络，加强区域性客源互送，实践旅游合作与互联互通建设相互促进，让世界更好地了解"美丽中国"。

（七）媒体要做"一带一路"上的行者、歌者、使者，传递文化，促进交流

《推动共建丝绸之路经济带和21世纪海上丝绸之路的愿景与行动》中强调，要"加强文化传媒的国际交流合作，积极利用网络平台，运用新媒体工具，塑造和谐友好的文化生态和舆论环境"。

在"一带一路"建设过程中，世界上众多媒体竞相报道其成果，这就很好地发挥了增进相互了解的窗口作用、促进团结合作的桥梁作用和推动友好往来的纽带作用，为努力营造共建共享"一带一路"良好舆论环境，做出了巨大的努力和贡献。《人民日报》社从2014年起连续举办三届"一带一路"媒体合作论坛活动，这一盛会已经成为由中国主流媒体主办的规模最大、参与国家最多、参会外媒最多、最具广泛代表性和巨大影响力的全球媒体合作论坛，对于增进各国之间的了解，促进媒体间的交流，推动媒体在"一带一路"建设中扮演更加重要的角色，具有非常重要的意义。在论坛确立的合作机制框架下，各国媒体更加积极、全面、客观、准确地报道"一带一路"，更好搭建起各国人民了解与信任的桥梁，为"一带一路"各国迈向命运共同体、形成合作新格局做出了新的贡献。

7月26日，由《人民日报》社主办、以"命运共同体、合作新格局"为主题的"一带一路"媒体合作论坛在国家会议中心举

行。全国人大常委会副委员长兼秘书长王晨在致辞中指出,"一带一路"建设是各国人民的共同事业,实现这一美好蓝图,需要媒体的智慧和力量。①

媒体要做"一带一路"上的"行者",传承丝路精神,传播昂扬能量。"一带一路"建设得到越来越多的支持和响应,"一带一路"的朋友圈也越来越广。对媒体而言,这既是一次绝无仅有的时代见证,更是一次生逢其时的历史机遇。媒体要做"一带一路"上的"歌者",解读丝路精神,讲好丝路故事。讲述好"一带一路"上的传统友谊故事,叙述好"一带一路"建设正在发生的事实,报道好各方共建、共享"一带一路"的事例,这是每一个负责任、有远见媒体的使命。媒体要做"一带一路"上的"使者",加强文化交流,增进了解互信。有了这样的胸襟视野,各国媒体才能做"亲密伙伴"、做"知心朋友",才能发掘国与国之间的利益共同点和发展融合点,传递深化交流、扩大共识的"正能量",才能使"一带一路"倡议变成各国人民的共识。

第二节 教育是文化交流的重要平台,为"一带一路"提供人才支撑

教育为国家富强、民族繁荣、人民幸福之本,在共建以"和

---

① 王晨. 做"一带一路"上的行者、歌者、使者. 中国报业,2016(15):14-16.

平合作、开放包容、互学互鉴、互利共赢"为基本理念的"一带一路"倡议中具有基础性和先导性作用。"一带一路"倡议的实施为推动区域教育大开放、大交流、大融合提供了大契机。教育交流为沿线各国民心相通架设桥梁,人才培养为沿线各国政策沟通、设施联通、贸易畅通、资金融通提供支撑。"一带一路"沿线国家教育加强合作、共同行动,既是共建"一带一路"的重要组成部分,又为共建"一带一路"提供人才支撑。

一、实施"一带一路"倡议,教育要先行

教育在"一带一路"倡议中有着举足轻重的作用。"一带一路"倡议提出与沿线国家"政策沟通、设施联通、贸易畅通、资金融通、民心相通"。[①]这"五通"中,"民心相通"是基础,文化交流是实现"民心相通"的主渠道,而教育是文化交流的重要平台之一。沿线国家历史文化不同,宗教信仰各异,政治体制多样,地缘政治复杂,经济发展水平不一,国际化的教育能促进沿线国家人民的相互了解、相互理解、相互信任、相互尊重,增进彼此间的友谊。同时,教育特别是高等教育具有人才培养、科学研究、社会服务、文化交流等多种职能,可以通过其知识优势、智力优

---

① 裴倩敏. 让"一带一路"愿景与行动在教育领域落地生根——教育部有关负责人就《推进共建"一带一路"教育行动》答记者问. 中国大学生就业, 2016 (21): 4-6.(本节教育政策方面,除特别注明外,均引自该文)

势、人才优势为"一带一路"战略提供全方位的支持,为探索和建设新的国际合作以及全球治理新模式贡献宝贵智慧。因此,教育不但与"五通"方向和要求相一致,而且一定会优先发展。教育的根本任务是培养人才,这需要一个漫长的过程,这就决定了教育与其他方面的发展既不能滞后,也不能同步,而是先行,还要适度超前,才能为其他方面的发展奠定坚实的基础。

二、"一带一路"倡议推动教育国际化

教育国际化是开拓国际关系,为国家谋福利的利器。综观中国近现代历史,自世界列强用坚船利炮打开闭关锁国的清王朝国门,让中国沦为它们争相瓜分的利益市场后,中国与世界的关系经历了屈辱、抗争、封锁、接纳、开放再到主动面向的基本历程。在不同历史阶段,教育国际化与中外关系休戚相关。改革开放,中国以派遣留学生、恢复和发展教育制度为开端,教育的快速发展、卓越的人力资源开发为中国面对多极化世界、分享世界市场创造了必不可少的条件。

推动教育国际化转型,已经成为"一带一路"倡议的迫切需要。"一带一路"倡议向全球展示了实现中国梦的信心,为我国教育主动面向世界提出了前所未有的新要求和新任务。[①]教育是人

---

① 毕诚."一带一路"战略带来中国教育新机遇.中国教育报,2015-10-09(5).

力资源开发的重要途径,是文化交流的重要平台,是人才培养与科技创新的主阵地,是新生智库和智力服务的主力军,中国教育要为"一带一路"倡议提供人才支持和知识贡献,必须加大改革开放力度,尤其是职业教育、高等教育的人才培养和各级各类职业技能培训,其服务方向必须由主要服务于内向型经济增长转向主要服务于外向型经济发展。

今天的"一带一路"倡议,以形成参与和引领国际合作竞争新优势,创新开放型经济体制机制,加大科技创新力度,扩大开放范围与力度等,倒逼教育深层次改革。中国教育国际化作为教育发展模式转型的时代课题,已经提上了议事日程。

推进教育国际化,既是对中国教育发展模式转型的整体要求,也是对不同地区人才培养类型与规格质量的个性要求。破除教育模式同质化难题,推进区域教育人才培养特色化建设,加强实用人才培养和加强劳动者专业技能培训,已经成为我国教育深层改革的着力点。推进教育国际化,各地教育既要服务国家经济建设人才需要的总要求,又要切实保证服务地方战略支点任务对不同专业人才培养的需要,形成各地教育国际化的基本特色。

三、教育在"一带一路"中的行动策略

为了充分发挥教育的重要作用,根据"一带一路"倡议的要求,要积极推进教育改革,从而提高教育服务"一带一路"倡议

的能力和国际影响力。2016年7月13日,教育部印发了《推进共建"一带一路"教育行动》,全面阐释了"一带一路"建设中教育的使命、合作愿景、合作原则、合作重点等,倡导沿线各国建立教育共同体,聚力推进共建"一带一路",同时也指出了教育在"一带一路"倡议中的行动策略。

(一)共建丝路合作机制,保障教育行动形成合力

《推进共建"一带一路"教育行动》指出,要通过一系列举措,共建丝路合作机制,形成合力,保障教育发挥重要作用。

一是加强"丝绸之路"人文交流高层磋商。开展沿线国家双边多边人文交流高层磋商,商定"一带一路"教育合作交流总体布局,协调推动沿线各国建立教育双边多边合作机制、教育质量保障协作机制和跨境教育市场监管协作机制。

二是充分发挥国际合作平台作用。发挥现有双边多边合作机制作用,增加教育合作的新内涵。借助联合国教科文组织等国际组织力量,推动沿线各国围绕实现世界教育发展目标形成协作机制。支持在共同区域、有合作基础、具备相同专业背景的学校组建联盟,不断延展教育务实合作平台。

三是实施"丝绸之路"教育援助计划。发挥教育援助在"一带一路"教育共同行动中的重要作用,逐步加大教育援助力度,重点投资于人、援助于人、惠及于人。发挥教育援助在"南南合

作"中的重要作用，加大对沿线国家尤其是最不发达国家的支持力度。加强中国教育培训中心和教育援外基地建设，为沿线国家培养培训教师、学者和各类技能人才。

四是开展"丝路金驼金帆"表彰工作。对在"一带一路"教育合作交流和区域教育共同发展中做出杰出贡献、产生重要影响的国际人士、团队和组织给予表彰。

同时，还应制定差异化的对外教育合作政策。"一带一路"沿线国家经济发展水平差距很大，既有大量发展中国家，也有一些中等发达国家，还有少数发达国家。因此，对外教育合作政策一定不会是"一刀切"的粗放式做法，既注意不同类型、地区国家间的国情差异，又重视同一类型、地区国家间的国情差异，采取差异化政策，提高政策的针对性和有效性。

在国内，要通过加强顶层设计和统筹引导，实现扎实有序推进，防止一哄而上。一是中央政府引导推动。加强国内各部门各地方的统筹协调工作，对接沿线各国教育发展战略规划。二是地方政府重点推进。要求各地发挥区位优势和地方特色，有序与沿线国家地方政府建立"友好省州""姊妹城市"关系，打造教育合作交流区域高地，助力做强本地教育。三是各级学校有序前行。要求各级各类学校有序与沿线各国学校扩大合作交流，整合优质资源"走出去"，选择优质资源引进来，共同提升教育国际化水平和服务共建"一带一路"的能力。四是社会力量顺势而行。鼓励开展更大范围、更深层次、更高水平的"一带一路"教育民间合作交流，吸纳更多民间智慧、民间力量、民间方案、民间行动。

（二）开展教育互联互通合作

《推进共建"一带一路"教育行动》提出了"教育行动五通"，作为基础性举措，开展沿线各国间的教育互联互通合作。

一是加强教育政策沟通。开展"一带一路"教育法律、政策协同研究，构建沿线各国教育政策信息交流通报机制。积极签署双边、多边和次区域教育合作框架协议，制定沿线各国教育合作交流国际公约，逐步疏通教育合作交流政策性瓶颈，实现学分互认、学位互授联授。

二是助力教育合作渠道畅通。推进"一带一路"国家间签证便利化，鼓励有合作基础、相同研究课题和发展目标的学校缔结姊妹关系，举办沿线国家校长论坛，支持高等学校建立国际合作联合实验室（研究中心）、国际技术转移中心，打造"一带一路"学术交流平台，逐步深化拓展教育合作交流。

三是促进沿线国家语言互通。拓展政府间语言学习交换项目，联合培养、相互培养高层次语言人才。扩大语言学习国家公派留学人员规模，倡导沿线各国与中国院校合作在华开办本国语言专业。支持更多社会力量助力孔子学院和孔子课堂建设，加强汉语教师和汉语教学志愿者队伍建设，全力满足沿线国家汉语学习需求。同时，随着与沿线国家合作与交流的增加，我国将急需大量通晓沿线国家语言，熟知当地政治、经济、文化、宗教等国情的专门人才。"一带一路"沿线有60多个国家，还会不断有国家和地区参与进来，它们所使用的语言各不相同，我们急需大量各种小语种人才，以及一大批适应与沿线国家交流的优秀语言人才。这时，教育的功能又将得以最大限度的发挥。

四是推进沿线国家民心相通。鼓励沿线国家学者开展或合作开展中国课题研究，增进沿线各国对中国发展模式、国家政策、教育文化等各方面的理解。建设国别和区域研究基地，与对象国合作开展经济、政治、教育、文化等领域的研究。加强"丝绸之路"青少年交流，逐步把理解教育课程、丝路文化遗产保护纳入沿线各国中小学教育课程体系，加强青少年对不同国家文化的理解。

五是推动学历学位认证标准连通。推动落实联合国教科文组织《亚太地区承认高等教育资历公约》，支持教科文组织建立世界范围学历互认机制，实现区域内双边多边学历学位关联互认。呼吁各国完善教育质量保障体系和认证机制，加快推进本国教育资历框架开发，助力各国学习者在不同种类和不同阶段教育之间进行转换，促进终身学习社会建设。共商共建区域性职业教育资历框架，逐步实现就业市场的从业标准一体化。探索建立沿线各国教师专业发展标准，促进教师流动。

（三）开展人才培养培训合作

《推进共建"一带一路"教育行动》推出"四个推进计划"作为支撑性举措，开展人才培养培训合作，分类培养专业技能人才、技术人员和工人等，为"一带一路"建设提供人才支持。

一是实施"丝绸之路"留学推进计划。设立"丝绸之路"中国政府奖学金，未来5年，每年资助1万名沿线国家新生来华学习或研修，为沿线各国专项培养行业领军人才和优秀技能人才。全面提升来华留学人才培养质量，把中国打造成为深受沿线各国学子欢迎的留学目的地国。以国家公派留学为引领，未来3年，每年面向沿线国家公派留学生2 500人。

二是实施"丝绸之路"合作办学推进计划。发挥政府引领、行业主导作用，促进高等学校、职业院校与行业企业深化产教融合。鼓励中国优质职业教育配合高铁、电信运营等行业企业走出去，探索开展多种形式的境外合作办学，培养当地急需的各类"一带一路"建设者。将整合资源，积极推进与沿线各国在青年就业培训等共同关心领域的务实合作。

三是实施"丝绸之路"师资培训推进计划。开展"丝绸之路"教师培训，加强先进教育经验交流，提升区域教育质量。加强"丝绸之路"教师交流，推动沿线各国校长交流访问、教师及管理人员交流研修，推进优质教育模式在沿线各国互学互鉴。大力推进沿线各国优质教学仪器设备、教材课件和整体教学解决方案输出，跟进教师培训工作，促进沿线各国教育资源和教学水平均衡发展。

四是实施"丝绸之路"人才联合培养推进计划。推进沿线国家间的研修访学活动。鼓励沿线各国高等学校在语言、交通运输、建筑、医学、能源、环境工程、水利工程、生物科学、海洋科学、生态保护、文化遗产保护等沿线国家发展急需的专业领域联合培养学生，推动联盟内或校际间教育资源共享。

（四）积极开展对"一带一路"沿线国家的研究，充分发挥高等学校的智库作用

早期，我国的国际问题和国别区域研究主要聚焦在欧美发达国家和地区，对发展中国家和地区研究比较薄弱，给"一带一路"倡议的实施带来了局限。因此，高等院校要对沿线国家的历史、政治体制、地缘政治、法律、文化、语言、宗教、地理、民族、经济、商贸、交通、旅游、外交、能源等进行全方位的研究，为实现"五通"提供必要的知识储备。

由此可见，高等学校要充分发挥"一带一路"倡议中的智库作用，一是为国家政策制定提供决策咨询服务，就"一带一路"中的重大战略问题、政策问题开展研究，为国家战略决策提供咨

询建议。二是积极探索国际合作以及全球治理新模式。① "一带一路"倡议打造政治互信、经济融合、文化包容的利益共同体、命运共同体和责任共同体,实际上是要建立一个全新的和谐的区域治理体系甚至全球治理模式,这种体系和模式不同于现在西方国家主导的世界体系和治理模式,应该是平等合作、和谐包容、互利共赢、共同发展、共同繁荣的新体系和新模式。高等学校拥有智力优势、知识优势,可以为新的区域治理体系甚至全球治理模式的建立献计献策。三是协助相关行业制定质量标准。在"五通"之中最核心的是设施联通、贸易畅通。高等学校可尝试与行业企业的专家一道,共同参与制定有关铁路、公路、港口、通信、电力等重要设施和贸易商品的质量标准。四是为社会提供咨询服务。高等学校还可以面向社会各界和市场,做好"一带一路"知识普及工作,并就涉及的问题提供咨询服务。

---

① 刘宝存."一带一路"中教育的使命与行动策略. http://www.scio.gov.cn/ztk/wh/slxy/31215/Document/1453964/1453964.htm.

第五章　海洋与陆地

2013年9月,中共中央总书记、国家主席、中央军委主席习近平在访问中亚四国时提出共建"丝绸之路经济带";同年10月,习近平在访问东盟国家时提出共建"21世纪海上丝绸之路",这被合称为"一带一路"。作为国家战略,"一带一路"是烨赫历史的承续,是实现中华民族伟大复兴中国梦的探索,更是通向人类命运共同体的和平之路、互惠之路、创新之路和文明之路。同心逐梦的中国,正以普济天下苍生的情怀,奏响"一带一路"交响曲。

本章拟从海上和陆上两个向度阐述中国与大国和周边邻国及其他地区国家的关系,浅析"一带一路"的题中之意。从海洋向度来看,"21世纪海上丝绸之路"是古代海上丝绸之路的承续与发展,昭示着当代海洋意识的回归,它既是中国海洋强国建设的重大举措,也是超越传统地缘政治学零和博弈思维的伟大构想。就陆地向度而言,丝绸之路经济带指引下的西向而行让古丝绸之路焕发新的生机,这既是打通陆上大通道的战略转身,又蕴含着超越传统陆权的新思维——海陆和合。

从太空俯瞰人类赖以生存的家园——地球，它呈现蓝色。在 5.1 亿平方公里的地球表面积中，71%为海洋，29%为陆地。毋庸置疑，"一带一路"天然地包含发展海权与陆权，但这绝非传统意义上谋求"控制与索取"的海权、陆权，其原则遵循共商、共建、共享，其核心在于合作共赢。

第一节　云帆沧海　共赢发展

丝绸之路经济带聚焦陆地，21 世纪海上丝绸之路则把更多关注的目光投向了广袤、深远的大海。它凝结着新一代中央领导集体的智慧，承载着中国作为负责任的大国的担当，精心勾勒出未来中国乃至世界的海洋蓝图。

一、海洋意识的回归

千百年来，蔚蓝色的大海让多少人魂牵梦系，古代海上丝绸之路更成为闻名遐迩的历史印记与文化符号。

早在秦汉时期，古代海上丝绸之路就已初具雏形。它发展于魏晋，繁盛于隋唐，鼎盛于宋元，明代郑和下西洋时，达到顶峰，而后因为实行"海禁"政策走向衰落。

　　凭借古代海上丝绸之路,中国的丝绸、瓷器、茶叶等珍贵物品得以远销海外,沿线各国的香料、药材、玻璃等精美物品得以走进中国的千家万户。正是在与沿线各国的贸易往来中,博大精深的中华文明得以传播,文明与文明的交流、对话得以实现。

　　阿拉伯民间故事集《一千零一夜》记载了辛巴达七次远航海上丝绸之路的故事,他最后一次航海到达中国,并在中国成家立业,生活了 27 年。在当时的中国闽南地区,家家户户都有"鸡公碗",公鸡、芭蕉和鲜花的图案,寓意着勤劳致富、家庭兴旺。通过海上丝绸之路,"鸡公碗"漂洋过海,成为东南亚国家人民喜爱的日常生活用品,也成为中国与沿线各国人民友好往来的历史见证。古代海上丝绸之路把中国和沿线各国紧紧联系在一起,创造了人类交流交往、文明互鉴的不朽传奇。①

　　然而,对于漂洋过海、远道而来的"西洋人",国人自古就心存忧虑。明清时期,闭关锁国的"海禁"政策则是这种防范心理的直接体现。但防不胜防,两次鸦片战争皆起于沿海一带,封建王朝终究没能躲过来自海洋的侵略。从昔日的古代海上丝绸之路商船到清朝末年的列强军舰,历史发人深省,屈辱催人奋进,海

---

① 刘奇葆. 扬帆海上丝路　实现共赢发展. http：//www.scio.gov.cn/ztk/dtzt/2015/32548/32552/Document/1394824/1394824.html.

洋建设与海洋权益维护的重要性日益凸显。

　　中华人民共和国成立后，经过几十年的改革与发展，伴随着中国综合实力、国际地位和影响力的不断提升，国家一步步走向繁荣富强。但这绝不意味着我们可以高枕无忧。当前，我国维护海洋权益的状况不容乐观，从钓鱼岛及周边海域到南海争端等，菲律宾、印尼、印度、越南、日本等周边部分海洋国家置《联合国海洋法公约》于不顾，无视我国主权声明，疯狂"圈海占岛"，变本加厉地攫取海洋资源。与此同时，以美国为代表的西方国家仍以传统的地缘政治思维看待中国的崛起，大肆宣扬"中国威胁论"，不断在我国周边地区挑起事端，妄图以重返亚太战略、亚太再平衡战略等所谓的国家战略掣肘中国。在这样纷繁复杂的国际大环境下和中国当前的地缘政治困局中，"一带一路"的国家战略应运而生。

　　作为陆海兼备的国家战略，"一带一路"将实现中国长期以来重陆轻海的思维转变，昭示着人们海洋意识的回归，必将加速中国的海洋复兴，助推海洋强国建设。作为"一带一路"倡议的重要组成部分，21世纪海上丝绸之路战略不仅需要解决我国与周边国家在海洋合作、海洋治理与海上通道安全方面的问题，更要审慎考虑西方国家对我国周边海域发起的各种挑战与威胁。同时，我们也必须维护好海上岛礁、海底资源、海上通道安全、专属经济区及大陆架等各种海洋权益。充分维护好我国的海洋权益，是实现我国国家利益的体现，是我国推进 21 世纪海上丝绸之路战略的必然要求。①

二、助推海洋强国建设

习近平总书记强调，我国既是陆地大国，也是海洋大国，拥有广泛的海洋战略利益。经过多年发展，我国海洋事业总体上进入了历史上最好的发展时期。这些成就为我们建设海洋强国打下了坚实基础。我们要着眼于中国特色社会主义事业发展全局，统筹国内国际两个大局，坚持陆海统筹，坚持走依海富国、以海强国、人海和谐、合作共赢的发展道路，通过和平、发展、合作、共赢方式，扎实推进海洋强国建设。②

李克强总理指出，我国是海洋大国，要编制实施海洋战略规划，发展海洋经济，保护海洋生态环境，提高海洋科技水平，加强海洋综合管理，坚决维护国家海洋权益，妥善处理海上纠纷，积极拓展双边和多边海洋合作，向海洋强国的目标迈进。③

---

① 贺鉴，官高杰."海上丝绸之路"战略下中国海洋权益的维护. 湘潭大学学报（哲学社会科学版），2015（7）.
② 习近平：进一步经略海洋 推动海洋强国建设. http：//www.chinanews.com/gn/2013/07-31/5108322.shtml.
③ 李克强：开展"一带一路"建设 向海洋强国目标迈进. http：//www.china.com.cn/haiyang/2015-03/05/content_34960637.htm.

"一带一路"尤其是21世纪海上丝绸之路与党的十八大报告提出的建设海洋强国战略目标一脉相承、密切相关，是确保我国实现海洋强国战略的重要保障措施，对于维护国家海洋权益具有十分重大的意义。

根据《推动共建丝绸之路经济带和21世纪海上丝绸之路的愿景与行动》，丝绸之路经济带包括陆上3条线路：北线路经中亚，过俄罗斯至欧洲（波罗的海）；中线从中亚通西亚，经波斯湾到地中海；南线从东南亚经南亚抵达印度洋。21世纪海上丝绸之路则分为2条线，一条始于中国沿海港口经南海至印度洋，另一条从中国沿海港口过南海到南太平洋。[①]"一带一路"路线图穿越覆盖了各地区主要海域及海洋咽喉要道，对于助推中国海洋强国建设不无裨益。

"一带一路"倡议的重点海域涵盖南海、印度洋、红海和地中海及南太平洋地区，而这些区域并不风平浪静，海洋争端日益复杂化，尤其是南海争端，更是一度成为焦点，牵动着国人敏感的神经。

面对错综复杂的国际局势，"一带一路"以经济合作助推政治互信，中国-东盟命运共同体的建立为解决南海争端另辟蹊径。而

[①] 国家发展改革委，外交部，商务部. 推动共建丝绸之路经济带和21世纪海上丝绸之路的愿景与行动. 人民日报，2015-03-29（4）.

这种探索已初见成效：以对话协商为主的和平解决途径逐步成为多方共识。据报道，2016年8月16日，东盟和中国高级外交官今早齐聚中国内蒙古满洲里市，召开落实《南海各方行为宣言》高官会。并称，中国与东盟就南海问题达成重要共识，双方同意今后在遇到海上紧急事态时，可通过热线进行沟通和降温，以及在南海适用《海上意外相遇规则》。①

假以时日，南海问题有望在"一带一路"的指引下和平解决，这对于中国实现海洋强国战略、建设海洋强国并最终实现和平崛起具有里程碑式的意义。

虽然其他海洋争端与南海问题不尽相同，但"一带一路"顶层设计却行之有效："一带一路"建立了全面的政府间交流机制，扩大了沿线国家的利益共同点，增加了政治上的互信，缓解了海洋领土主权的矛盾。同发达国家重新建立政治及安全上的信任，通过对第三世界国家的支持和援助，取得第三世界国家对中国国际作用的肯定，使周边国家明确中国走和平崛起道路的决心。②

一言以蔽之，"一带一路"构想下的海权维护及发展，以及与之相关的中国建立和发展海上力量的一系列举措皆以和平、合作

---

① 中国东盟达成一重要共识 南海适用海上意外相遇规则. http：//mil.news.sina.com.cn/china/2016-08-17/doc-ifxuxnah3764178.shtml.
② 曹文振，胡阳."一带一路"战略助推中国海洋强国建设. 理论界，2016（2）.

和经济发展为导向,旨在捍卫国家利益的同时,谋求世界各国共同利益,实现各国自身利益最大化。当"和平与发展"成为当今世界的主旋律时,发展非霸权的有限海权才是 21 世纪海上丝绸之路所指引的正途,共赢发展才是其题中必有之义。在此构想框架下,中国与大国和周边邻国及其他地区国家的关系,不是零和博弈,而是正和博弈。

三、从零和博弈到正和博弈

从美国海军历史学家马汉的"海权论"到英国地缘政治学家麦金德的"心脏地带说",再到美国耶鲁大学尼古拉斯·斯皮克曼教授的"边缘地带说",传统地缘政治思维对西方地缘政治精英影响深远,海陆对立的"两分法"思维——世界由陆权与海权两个对立世界共同构成,当前正大行其道。在古典地缘政治理论框架下,21 世纪海上丝绸之路自然可能成为争夺海上霸权、侵占他国海洋利益的手段,成为激化国家和地区利益之争的新的导火索,在其看来,利益相关国家零和博弈的火药味势必日趋浓烈。这恰恰与"一带一路"的初衷背道而驰。

"君子贤而能容罢,知而能容愚,博而能容浅,粹而能容杂。"面对部分国家的误读,中国显示出大国应有的自信与从容。2015年 3 月 28 日,国家发展改革委、外交部、商务部联合发布《推动共建丝绸之路经济带和 21 世纪海上丝绸之路的愿景与行动》,清楚地表明:中国大力推行"一带一路",并非要争抢他国手中的"蛋糕",而旨在与世界各国人民携手同心,共同将"蛋糕"做大。这种在不损害他国利益的前提下谋求自身发展,并将中国融入世界发展洪流,实现双赢乃至多赢的正和博弈,同"和平与发展"的时代主题一脉相承,最终惠泽的是各国人民。诚如中共中央政治局委员、中央书记处书记、中宣部部长刘奇葆在 21 世纪海上丝绸之路国际研讨会上的主旨演讲——《扬帆海上丝路 实现共赢发展》中所言:"海上丝绸之路是沿线各国人民共同走出来的,它凝结的'和平合作、开放包容、互学互鉴、互利共赢'的丝路精神,是人类社会的共同财富,值得我们倍加珍惜。今天,海上丝绸之路沿线各国情感交融、利益交汇,是你中有我、我中有你的命运共同体。建设 21 世纪海上丝绸之路,要坚持和弘扬丝路精神,树立开放发展、合作发展、共赢发展的理念,向前展望、凝心聚力,使这条绵延两千年、跨越亚非欧、曾经创造无数财富、凝聚各国人民友谊的海上丝绸之路,重现昔日辉煌,增进人民福祉。"[①]

在 21 世纪海上丝绸之路指引下,中国秉持"开放与包容"这一海权文化的核心价值理念,以兼收并蓄的气度、协和万邦的胸

---

① 刘奇葆. 扬帆海上丝路 实现共赢发展. http://www.scio.gov.cn/ztk/dtzt/2015/32548/32552/Document/1394824/1394824.html.

怀，致力于"五通"——政策沟通、设施联通、贸易畅通、资金融通、民心相通建设，在战略实施中一步步将宏图变为触手可及的现实。中国政府恪守共商、共建、共享原则，多措并举、联合发力：习近平总书记、李克强总理等党和国家领导人积极引领推动"一带一路"建设；签署共建"一带一路"合作备忘录、地区合作和边境合作备忘录以及经贸合作中长期发展规划；在基础设施互联互通等领域，全力推进重点合作项目建设；统筹国内相关资源，进一步强化政策支持、完善政策措施；借助国际峰会、论坛、研讨会、博览会等平台，让世界了解、认同并积极参与到21世纪海上丝绸之路建设大潮中。在多方共同努力下，中国在浩瀚的海洋上与大国和周边邻国及其他地区国家正和博弈的成效初显：

2014年12月29日，丝路基金有限责任公司在京注册成立，并正式运行。2015年12月14日，该公司与哈萨克斯坦出口投资署签署框架协议，出资20亿美元，建立中国-哈萨克斯坦产能合作专项基金，丝路基金迎来首个专项基金。

2015年6月6日，中国和匈牙利政府共同签署了《中华人民共和国政府和匈牙利政府关于共同推进丝绸之路经济带和21世纪海上丝绸之路建设的谅解备忘录》，这是中国与欧洲国家签署的首个"一带一路"相关合作文件。

2015年12月21日，普通合伙人公司、基金管理公司首次董事会的分别召开,标志着中国-欧亚经济合作基金正式投入运营。

2015年12月25日,由57国(其中域内国家37个、域外国家20个)共同筹建的亚洲基础设施投资银行正式成立。

2015年,中国-东盟海洋合作年的启动,及中国-东盟海洋合作中心领导小组的成立,标志着中国-东盟海上合作的进一步深化。中国和东盟国家在海洋经济、海上连通、科研环保等领域的深度合作,为中国和东盟各国人民带来了实实在在的收益。

……

有理由相信,"一带一路"尤其是21世纪海上丝绸之路唤醒的是国民海洋意识的回归,必将在助推中国海洋强国建设之路上、在与大国和周边邻国及其他地区国家正和博弈的实践中乘风破浪,"直挂云帆济沧海"。

第二节　面向内陆　海阔天空

"一带一路"中的"一带"即"丝绸之路经济带",指向的是陆地。如前文所述,它有三个走向:以中国为起点,一是经中亚、俄罗斯至欧洲(波罗的海);二是经中亚、西亚至波斯湾、地中海;三是中国至东南亚、南亚、印度洋。[1]

---

[1] "一带一路"绘就发展新蓝图. http://news.xinhuanet.com/video/2015-04/14/c_127687457.htm.

这片广袤的大地蕴含着宝贵的资源，是当今世界最具发展活力和潜力的地区之一，但在当今世界秩序中，因海而富、因海而兴的发展定势，使得这些身居内陆的国家依然面临着消除贫困、发展经济、改善民生等诸多问题。

而今，由中国积极倡导、各国积极响应的"一带一路"倡议正致力于推动亚欧大陆区域经济的融合发展，以期实现各国互利共赢、和谐繁荣，展现中国的大国担当与人文情怀。

一、西向而行：古丝绸之路焕发新的生机

两千年来，不畏艰险、开放包容、文明互鉴的丝路精神生生不息，"一带一路"借用"丝绸之路"这一历史、文化符号，唤醒了我们对古丝绸之路的历史记忆。"驼铃古道丝绸路，胡马犹闻唐汉风。"因运送美丽贵重的丝绸得名，丝绸之路最初指的是陆上丝绸之路，后来其义逐渐扩大，包含了海上丝绸之路、草原丝绸之路等。这条路由古都长安出发，一路西行，横贯中亚、西亚，直至非洲、欧洲。我们可以遥想这样的画面：金色的沙漠，驼铃阵阵、商旅不绝，东方的丝绸、西方的宝石在这条路上往来运送，不同的文明在这条路上相交相融。杜甫诗云"驼马由来拥国门"，唐朝丝绸之路的繁盛之象由此可见一斑。

西汉时期，汉武帝派张骞出使西域，寻找抗击匈奴的盟友月氏国，丝绸之路由此开拓。因此，丝绸之路兴起之初是以陆路为主。至唐代时期，陆路、海路达到共同繁荣，到了宋朝，陆路中断，中原与西域的联系直至元明清时期才恢复。陆路受阻，海路兴起。宋朝以来，泉州、广州、宁波等沿海城市成为航海队和商人们的起点，他们将丝绸、茶叶、瓷器运往西方，开启了海上丝绸之路。后来奥斯曼土耳其帝国崛起，切断了亚洲与欧洲的联系，欧洲被迫走向海洋，开启地理大发现，以期重拾东西方文明的交流，其结果就是亚欧大陆文明衰落，而欧洲"以殖民化方式开启全球化，丝绸之路衰落，东方文明走向封闭保守，世界进入所谓的近代西方中心世界"[1]。梳理历史不难发现，作为东西方文明交流的重要通道，古丝绸之路的兴盛与消亡，深刻地影响了世界政治经济格局。

"自有文明史以来，人类的主要活动空间，都是在亚欧大陆，以'四大文明古国'为代表的古典文明，都是典型的亚欧文明。"[2] 丝绸之路经济带和 21 世纪海上丝绸之路建设，能否让古丝绸之路焕发新的生机与活力，又能否承担起重塑世界史上"亚欧时刻"的重任？在古丝绸之路铺设的历史记忆基础上，在当前世界多极

---

[1] "一带一路"的"张载命题". 人民日报：海外版，2016-01-19：1.
[2] 程亚文. "一带一路"重塑世界史上"亚欧时刻". http://news.takungpao.com/mainland/focus/2015-05/2998490.html.

化与经济全球化凸显的形势下,"一带一路"携着厚重的历史感、带着鲜明的时代性而来,彰显出更加积极、更为丰富的意义。

丝绸之路经济带是在古丝绸之路概念基础上形成的一个新的经济发展区域,一头是活跃的东亚经济圈,一头是发达的欧洲经济圈,中间广大腹地国家经济发展潜力巨大,被认为是"世界上最长、最具有发展潜力的经济大走廊"。①

绵延7 000多公里的丝绸之路横跨亚欧大陆,沿线经过多个国家,总人口近30亿。这一地带不仅地域辽阔,而且自然资源、能源资源、矿产资源和旅游资源都十分丰富,被称作21世纪的战略能源和资源基地,有很大的发展潜力。②虽然资源丰富,但亚欧大陆内部差异很大,除东亚、欧洲部分地区是发达国家,大部分仍是发展中国家。由于自然环境、交通、历史等方面的原因,这些国家的经济发展水平相对落后,贫困人口比例远高于亚欧大陆的平均水平,与两端的经济带有较大差距,致使整个区域发展呈"两边高,中间低"的态势。重振丝绸之路是沿线许多国家的共同梦想。

"一带一路"的提出恰逢其时,正如《推动共建丝绸之路经济

---

① 中国明确"一带一路"框架 贯穿亚欧非大陆. http://www.chinanews.com/gn/2015/03-28/7166564.shtml.
② 王和山. 非公经济在"一带一路"中有大作为. 经济日报,2014-09-30(15).

带和 21 世纪海上丝绸之路的愿景与行动》中所言：共建"一带一路"旨在促进经济要素有序自由流动、资源高效配置和市场深度融合，推动沿线各国实现经济政策协调，开展更大范围、更高水平、更深层次的区域合作，共同打造开放、包容、均衡、普惠的区域经济合作架构。[①]中国的"一带一路"将对亚洲及世界产生深远的影响，它不仅关乎经济领域，更是历史文化、多样文明之间的深层次交流合作；不仅是中国一个国家的发展战略，还将为丝绸之路沿线各国提供良好的战略机遇，助力其实现现代化，融入全球化的洪流之中。

向西看，对中国国内而言，"一带一路"也具有重大意义，它将成为中国经济新的增长点，为内陆和沿边地区打开国际市场通道，开放腹地有望成为开放前沿，中国区域经济将得到协调发展。"一带一路"倡议构想同时覆盖了我国中部、西北、西南大部分地区以及重要的沿边地区。以西部地区为例，西部地区占我国国土面积的 72%，与 13 个国家接壤，但进出口贸易总额仅占我国进出口总额的 7.7%，利用外资和对外投资所占的比重不足 10%。[②]内陆和沿边地区对外开放潜力巨大，需求迫切。

改革开放三十多年来，中国东部沿海地区因交通方便、工业

[①] 国家发展改革委，外交部，商务部. 推动共建丝绸之路经济带和 21 世纪海上丝绸之路的愿景与行动. 人民日报，2015-03-29（4）.
[②] 李光辉. "一带一路"战略对中国经济的重要意义. 紫光阁，2015（6）.

基础好、对外交往便利等优势，先于中西部地区获得快速发展。中西部地区尤其是西部地区，因身居内陆、技术基础薄弱等因素，发展速度仍大大落后于东部。对于国家而言，地区发展不平衡不仅会阻碍整体经济发展，甚至可能引起严重的社会、政治问题。

依托丝绸之路经济带建设，内陆及沿线地区将迎来难得的发展机遇。在古丝绸之路上，新疆是非常重要的一个通道，全长7 000多公里的丝绸之路，就有5 000多公里在新疆境内。丝绸之路经济带战略构想的提出，将为乌鲁木齐、伊犁、库尔勒这些丝绸之路重镇注入新的发展活力。

"发挥新疆独特的区位优势和向西开放重要窗口作用，深化与中亚、南亚、西亚等国家交流合作，形成丝绸之路经济带上重要的交通枢纽、商贸物流和文化科教中心，打造丝绸之路经济带核心区。"[1] 在中国传统对外开放格局中处于边远位置的新疆，借助于"一带一路"，如今一跃成为"前沿"，成为亚洲和欧洲两大经济圈的桥梁和纽带。

漫漫黄沙中，似乎依稀可闻悠扬的驼铃声，在历史的长河里，古老的中国通过丝绸之路打开了与西方往来贸易的通道，东西方

---

[1] 国家发展改革委，外交部，商务部. 推动共建丝绸之路经济带和21世纪海上丝绸之路的愿景与行动. 人民日报，2015-03-29（4）.

文明交融荟萃，共同繁荣发展。带着对丝绸之路再次兴盛的热烈期盼，"一带一路"的重大倡议由中国庄重提出，期待古丝绸之路焕发出新的盎然生机，期待世界各国共同谱写合作共赢的新篇章。在这一崭新的丝绸之路经济带上，丝绸之路精神在延续、传承、发扬。

二、战略转身：打通陆上大通道

中国东部濒海，面向太平洋进行对外合作一直是中国经济的主要思路，而受限于交通、历史等因素，向西开放的步伐远远落后于东部。一方面，从世界范围来看，世界经济复苏乏力，急需新的经济增长点来带动世界经济发展。中国一直致力于推动区域经济一体化乃至欧亚大陆经济融合，实现互惠互利、发展共赢。另一方面，美国通过重返亚洲战略，构建跨太平洋伙伴关系协定（TPP），以强化自己在亚太地区的领导地位，形成对中国的遏制。"一带一路"可看作中国经济及外交战略的转身：何不将目光西移，向西打通对外合作的通道？

有相关研究者认为，"一带一路"内在的核心战略诉求，便是在海洋霸权国家的强力堵截下，作出"以陆权平衡海权"的战略突破。而除了世界第一的人口、世界最全的生产体系、庞大的经济总量、技术发展日新月异等摆在明处的优势以外，促使中国面向内地、确定西向战略的,还有中国高铁技术的进步和世界最多的外汇储备。①

"一带一路"提出要实现"五通",即政策沟通、设施联通、贸易畅通、资金融通、民心相通。②其中,设施联通是实现"五通"的基础,而基础设施互联互通则是"一带一路"建设的优先领域,对于丝绸之路经济带更是如此。中国30多年的改革开放实践让"要致富,先修路"深入人心,这一朴素的观念同样也适用于"一带一路"建设。沿线国家境内有高山、河流、沙漠,地理条件复杂,并且交通设施普遍欠发达,货物运输、人员往来、文化交流十分不便。

我们知道,连接亚欧大陆的陆上交通线有3条:"第一亚欧大陆桥"是以俄罗斯东部沿海的符拉迪沃斯托克为起点,横穿西伯利亚大铁路通向莫斯科,然后通向欧洲各国,最后到达荷兰鹿特丹港。"第二亚欧大陆桥"东起我国的连云港,西至荷兰鹿特丹,贯穿中国10省(区)、40多个城市,经我国陇海铁路、兰新铁路与哈萨克斯坦铁路接轨,被称为"新亚欧大陆桥",也称作"现代丝绸之路",是横跨亚欧两大洲、连接太平洋和大西洋、实现海 −

---

① 龙之飞将.不是每个时代,都有这样的机会.汽车商业评论,2015(4).
② 国家发展改革委,外交部,商务部.推动共建丝绸之路经济带和21世纪海上丝绸之路的愿景与行动.人民日报,2015-03-29(4).

陆-海统一运输的国际大通道。①战略构想中的第三亚欧大陆桥始于中国深圳,沿途由昆明经缅甸、孟加拉、印度、巴基斯坦、伊朗,从土耳其进入欧洲,最终抵达荷兰鹿特丹港。

在现有的几条亚欧大陆桥里,新亚欧大陆桥拉近了中国与世界的距离,促进了亚欧经济的发展与繁荣,对中国、亚欧乃至世界经济的发展具有重要的战略意义。自20世纪90年代初新亚欧大陆桥开通以来,陆续得到沿线各国的积极响应,陆桥干线不断完善、升级、扩展。但是,由于缺乏统一的陆桥运输发展战略、组织协调机制不够完善以及国别差异、贸易体制等原因,新亚欧大陆桥虽然开通了,却存在"语义不通"的问题,并未发挥出应有的物流大通道作用。②

加快交通运输基础设施的建设,已成为沿线国家的共识。《推动共建丝绸之路经济带和21世纪海上丝绸之路的愿景与行动》提到:"在尊重相关国家主权和安全关切的基础上,沿线国家宜加强基础设施建设规划、技术标准体系的对接,共同推进国际骨干通道建设,逐步形成连接亚洲各次区域以及亚欧非之间的基础设施网络。"③在"一带一路"倡议设想中,欧亚地区将打造由铁路、

---

① 连云港举行新亚欧大陆桥开通十五周年庆典. http://www.jsfao.gov.cn/NewsDetail.asp?NewsID=12153.
② 鲍志成."一带一路"激活"新亚欧大陆桥". http://theory.rmlt.com.cn/2015/0211/372529_3.shtml.
③ 国家发展改革委,外交部,商务部. 推动共建丝绸之路经济带和21世纪海上丝绸之路的愿景与行动. 人民日报,2015-03-29(4).

航空、公路、通信网络、油气管道等组成的交通网络。在综合型互联互通的交通网络基础上，在以政策沟通作为重要保障的前提下，可以循着交通线路的脉络发展相关产业集群，并进一步形成能源、金融、物流、旅游、建筑业等综合发展的经济走廊。

在多种交通运输设施中，高铁以快速、安全、便捷等优点引起许多国家的关注，成为打通"一带一路"陆上通道的重要选择。中国高铁技术的快速发展，已成为"一带一路"倡议的助推器。中国高铁虽起步较晚，但在短短十余年内，通过走"引进、消化、吸收、再创新"的道路，高铁技术从无到有，从有到优，已跃居世界前列。中国国内业已形成脉络纵横的高铁网络，高铁通车、建设里程均达世界第一。亚洲、欧洲之间的交流，若绕过海洋，而以高铁贯穿亚欧大陆，交往成本将会大大降低。从长远来看，高铁还将辐射出巨大能量，带动沿线能源、钢铁、旅游等产业发展。在此基础上，新亚欧大陆桥这条交通、物流大通道与"一带一路"倡议相结合，将再次获得巨大的发展潜力。

2015年9月，吉图珲（吉林—图们—珲春）客运专线正式开通。向东，俄罗斯扎鲁比诺港、朝鲜罗津港、韩国釜山港等"近在咫尺"；向西，与长吉高铁、长白铁路相连，像一条"玉带"将连通东北亚六国。① 吉图珲高铁开通后，从俄罗斯的扎鲁比诺港

---

① 李凤双，褚晓亮，段续. 东北最美高铁延伸至中朝俄边境. 新华每日电讯，2015-09-21：4.

到珲春，再到长春，最终到欧洲，有望形成一个丝路通道。

另一个有力的例子是被誉为"现代的火车版丝绸之路"[①]的中欧班列。国际货运列车"义新欧"（义乌—新疆—欧洲）是目前所有开行的中欧班列中运输距离最长的一条，它从浙江义乌出发，经新疆阿拉山口口岸出境，途经哈萨克斯坦、俄罗斯、白俄罗斯、波兰、德国、法国，最终到达西班牙马德里，全程13 000多公里，是中国东部沿海地区通往欧洲的第一条国际铁路联运物流大通道。满载着从义乌采购的五金、箱包、工艺品等货物，经过21天的开行，"义新欧"就可抵达马德里，将广受欢迎、物美价廉的"中国制造"商品送到欧洲人手上。

如今，中欧班列越来越多，已成为国际物流中陆路运输的骨干方式，它们不仅连接了中国东部与欧洲，还大大拉近了中国中西部地区与中亚、欧洲国家的距离。法国葡萄酒、德国啤酒、荷兰牛肉，越来越多的欧洲消费品选择中欧班列进入中国，而中国的电子产品、化工用品等也越来越多地通过中欧班列走进"一带一路"沿线国家。中欧班列为中国对外经贸发展，贯通中欧陆路贸易通道，实现中欧间的道路联通、物流畅通，推进国家"一带一路"建设提供了运力保障。[②]

[①] 木木. 中欧班列，沟通中欧经济. http://www.chnrailway.com/html/20160720/1394658.shtml.

[②] 卢泽华. 中欧班列为"一带一路"提挡加速. 人民日报：海外版，2016-06-27：9.

基础设施建设如火如荼地进行着，那么，建桥修路需要的庞大资金从何而来？——资金融通是"一带一路"建设的重要支撑，亚洲基础设施投资银行、丝路基金的成立有力地推动了"一带一路"建设，为道路畅通提供了重要支持。

截至 2015 年 4 月，亚投行意向创始成员国 57 个，在五大洲均有成员分布。亚投行重点支持基础设施建设，将为"一带一路"有关沿线国家的设施、道路联通提供资金支持，促进亚洲区域的建设互联互通化和经济一体化进程。丝路基金重点是为"一带一路"沿线国家和地区的基础设施建设、资源开发、产业合作等有关项目提供投融资支持，以弥补各国在基础设施建设等领域存在的巨大资金缺口。①

在 2016 年 8 月 3 日举行的第五届中国-亚欧博览会上，外交部部长王毅谈到"一带一路"建设在设施联通方面的收获：匈塞铁路、雅万高铁陆续开工，中老、中泰等泛亚铁路网开始启动，一批高速公路积极推进，海上互联互通蓄势待发，"亚欧大陆日益朝着陆、海、空、网立体化的连接在迈进"②。

从更深层次的意义而言，建桥修路和铺设油气管道、输电网、

---

① 潘晓娟. 丝路基金：盯准"一带一路"中的投资机会. 中国经济导报，2015-06-18：5.
② 张光政，林雪丹. "一带一路"建设早期收获沉甸甸. 人民日报，2016-08-04：21.

跨境光缆，打通陆上大通道不仅是基础设施的互联互通，还意味着不同国家的战略对接、跨境合作。

中国与哈萨克斯坦的合作将"一带一路"合作的构想具象化。哈萨克斯坦是丝绸之路经济带上的重要国家，当中国提出"一带一路"倡议构想后，哈萨克斯坦随后提出了本国的发展计划"光明之路"，致力于推进公路、铁路、机场等基础设施建设，以保障经济持续发展和社会稳定。[①]目前，中哈合作取得可喜进展：中哈边界铁路及物流中心的建造，实现了超过4 000万吨货物的运输。"未来，中哈两国还将增加西安到哈萨克斯坦主要城市的航班，开启乌鲁木齐到阿拉木图、阿斯塔纳的货运客车项目。"作为世界上首个跨境的经济贸易区和投资合作中心，位于中国与哈萨克斯坦边境的中哈霍尔果斯国际边境合作中心，正携手打造"一带一路"合作发展示范区。

有学者指出，丝绸之路经济带一方面可以为"光明之路"提供资金、技术、设备支持，通过优质产能合作促进哈萨克斯坦产业发展及经济结构调整，发掘市场潜力，促进投资和消费，创造需求和就业，助力哈萨克斯坦国内经济发展。另一方面，丝绸之路经济带还可以促进中哈及其他"路"上国家深入合作，建立伙

---

① 黄东明，董爱波. 哈萨克斯坦驻华大使："光明之路"计划与丝绸之路经济带建设契合互补. http://news.xinhuanet.com/world/2015-04/16/c_1114996805.htm.

伴关系，构建多层次互联互通网络，推进区域经济一体化进程，实现哈萨克斯坦多元、自主、平衡、可持续发展。①

中哈合作或可成为"一带一路"合作的范本，它向世界发出一个明确的信号：打通亚欧大陆的通道，或许还面临时空距离、语言阻隔、文化差异等重重困难，但依托"和平合作、开放包容、互学互鉴、互利共赢"的丝路精神，共同发展的友谊之路将越走越宽。

三、海陆和合：超越陆权的新思维

中国是一个陆海兼备的国家，由于农耕文明的自给自足、高度发达，历史上的中国有重陆轻海的倾向，"天涯海角""海内存知己"等词汇，体现出以海为界的观念。对于陆地，中国人深耕细作、积极保卫国家疆土；对于海洋，却意识淡薄、缺乏积极的海洋战略思维。党的十八大报告首次提出要建设海洋强国，"一带一路"倡议则试图通过陆地、海洋两个方向，海陆并举，协调发展。

"一带一路"倡议提出后，引起沿线国家强烈的兴趣，国外的学者、智库给予大量关注，媒体反响热烈。据统计，2013 年 9 月

---

① 常晓宇：国际观察：哈萨克斯坦的"光明之路"是个什么战略？. http://news.takungpao.com/world/exclusive/2015-06/3035021.html.

至 2015 年 2 月期间，海外媒体有关"一带一路"的英文报道共 2 500 余篇，中文报道共 1 000 余篇。①总体来看，"一带一路"赢得了国际社会的积极评价，大部分国外媒体认为"一带一路"将给沿线国家提供难得的战略机遇，有利于促进地区和平与稳定，但也有极少数媒体从控制与争夺角度出发，怀疑这是"中国版马歇尔计划""中国的西进运动"。

在这些质疑声中，尤以美国地缘政策界最为明显，美国智库国家亚洲研究局的纳德热·罗兰认为，"一带一路"将导致欧洲在经济上成为中国附庸，美国将失去欧洲盟友的支撑，全球战略和商业重心将从海洋转向欧亚大陆，从而威胁美国海上霸权，欧洲内部和美欧之间还会在对华问题上产生分歧。②

美国之所以对"一带一路"作出这样的误读，与西方传统的地缘政治理论不无关系。传统地缘政治理论关注陆权、海权、空权，以对立和冲突的思考模式，认为国家之间的关系是竞争与对立，充斥着"霸权""控制"等词汇。

美国海军历史学家、海权论的提出者马汉强调制海权对国家的重要作用，其核心思想就是利用国家强大的国力，对海洋和其

---

① 杨善民."一带一路"环球行动报告（2015）.北京：社会科学文献出版社，2015.
② 科林·弗林特，张晓通."一带一路"与地缘政治理论创新.外交评论，2016（3）.

他未知地区推行扩张主义政策,以海权称霸世界。英国地缘政治学家、陆权论的提出者麦金德认为,随着陆上交通工具的发展,欧亚大陆的"心脏地带"成为最重要的战略地区。麦氏著名的三段论至今影响深远:"谁统治了东欧,谁就能控制大陆心脏地带;谁控制了大陆心脏地带,谁就能控制世界岛(欧亚大陆);谁控制了世界岛,谁就能控制整个世界。"①西方传统地缘政治理论深受马汉、麦金德理论影响,"一带一路"倡议构想恰恰涉及亚欧大陆、太平洋、印度洋等陆地与海洋线路,正是基于此,国外一些人怀疑中国的"一带一路"是要向西亚、欧洲"扩张","取得亚欧大陆的控制权"。

若以这种简单、片面的立场来看待"一带一路",不仅曲解了"一带一路"的真正意图,还将阻碍亚欧大陆乃至世界的经济发展、和平发展。客观而言,"一带一路"给中国带来了战略上的有利因素,丝绸之路经济带与21世纪海上丝绸之路相互支撑,在波罗的海、地中海、阿拉伯海、波斯湾、孟加拉湾等重要海域交汇,陆地运输通道打通后,至少可以显著缓解"马六甲困局"对中国的战略制约。②但"一带一路"与西方国家历史上的霸权之路、扩张之路不同,它是对传统地缘政治理论的一种发展与创新,其核

---

① 曹凤军.哈·麦金德陆权理论的发展与实践.军事历史,2013(7).
② 王志远."一带一路"的历史地理及其当代价值.欧亚经济,2016(3).

心是共赢发展,具有新的时代内涵与意义。"一带一路"不局限于中国一个国家的发展,不仅仅考虑一个国家的利益,它不是"独奏曲",而是要演绎"大合唱"。《推动共建丝绸之路经济带和 21 世纪海上丝绸之路的愿景与行动》中明确提出,"一带一路"是一条互尊互信之路,一条合作共赢之路,一条文明互鉴之路,"一带一路"建设是开放的、包容的,沿线各国人民将共享"一带一路"共建成果。①

清华大学当代国际关系研究院副院长刘江永教授认为,历史上传统的海权论、陆权论、边缘地带论等地缘政治学说,与"一带一路"追求的互利共赢目标格格不入,为此,他提出"海陆和合论",即海洋国家与陆地国家之间、海洋国家之间、陆地国家之间,全面实现互联互通、和平合作,通过互利共赢,打造结伴不结盟的网络化利益共同体、安全命运共同体。②

"海陆和合论"认为,一带与一路并非两线分割,"一带一路"的陆地与沿线国家之间将形成互联互通、和平合作、共同发展的网状开放体系。③通过21世纪海上丝绸之路,内陆国家能与海洋国家合作,获得出海途径;通过丝绸之路经济带,海洋国家也可

---

① 国家发展改革委,外交部,商务部.推动共建丝绸之路经济带和 21 世纪海上丝绸之路的愿景与行动.人民日报,2015-03-29(4).
②③ 刘江永.海陆和合论:"一带一路"可持续安全的地缘政治学.国际安全研究,2015(5).

以进入亚欧大陆进行合作。这将有利于避免海洋国家与内陆国家的对抗，减少地缘冲突，促进海陆合作。刘江永教授预言，谋求"海陆和合"必将成为不可逆转的时代新潮流。

  美国犹他州立大学政治学系科林·弗林特教授、武汉大学张晓通副教授在《"一带一路"与地缘政治理论创新》一文中也表达了类似观点。作者认为，西方对"一带一路"误解的思想根源是西方地缘政治想象，随着西方强权在全球的扩张，这种地缘政治想象造成了思想垄断，为打破垄断，各国应根据自身历史地理条件提出具有特色的地缘政治观。应挖掘中国传统地缘政治思想中和平、包容、和谐的一面，突出"和平合作、开放包容、互学互鉴、互利共赢"的丝绸之路精神。加强各国间地缘政治理论与政策对话，寻求中西方以互利共赢、自由开放为基础的认知共识，增进互信，规避冲突。[①]

  "海陆和合论"与中华传统文明中"和为贵""天下大同"的思想是高度契合的。可喜的是，"一带一路"建设得到越来越多国家的理解、支持和响应，"朋友圈"也越来越广。亿赞普大数据发现，在"一带一路"沿线上，不同区域表现出的热度体现在不同方面。最热的区域是东南亚，他们最期待和中国在基础设施方面

---

① 科林·弗林特，张晓通."一带一路"与地缘政治理论创新. 外交评论，2016（3）.

开展合作；中亚和南亚紧随其后，他们最热衷和中国做买卖；而欧洲最关注的是中国的海外投资。①

截至目前，共有 70 多个国家和国际组织积极参与"一带一路"建设；中国与 30 多个国家签署共建"一带一路"合作协议，同 20 个国家签署产能合作协议，同沿线 17 个国家共同建设 46 个境外合作区，中企累计投资超过 140 亿美元，为当地创造 6 万个就业岗位。"一带一路"建设已经成为许多国家人民追求和平与发展的共同梦想。②

传承两千年的丝路精神在更加广阔的土地和海洋上延续着、回响着。承载着亚欧非乃至世界人民对美好生活向往的"一带一路"，致力于推动形成"政治互信、经济融合、文化包容的利益共同体、命运共同体和责任共同体"。③这是一项充满挑战的事业，彰显出中国的大国风范和责任担当，彰显出人类社会共同发展的美好愿望。无论是站在国家利益还是人类命运的立场上，我们都理应以积极、开放、包容的姿态拥抱"一带一路"。

---

① "一带一路"绘就发展新蓝图. http://m.news.cntv.cn/2015/04/13/ARTI1428884954898701.shtml.
② 王晨. 携手建设"一带一路"命运共同体. http://media.people.com.cn/n1/2016/0727/c40606-28587227.html.
③ 国家发展改革委，外交部，商务部. 推动共建丝绸之路经济带和 21 世纪海上丝绸之路的愿景与行动. 人民日报，2015-03-29（4）.

第六章　国家与人类

国家产生的原因是多样的,马克思主义认为国家是阶级矛盾不可调和的产物。在世界格局的走势几乎完全取决于大国博弈结果的当下,本章主要讨论人类怎样才能走向一个更美好的未来。

20世纪90年代后,苏联的解体宣告了冷战的终结,美国成为当今世界上唯一的超级大国,人们曾认为和平的世界秩序即将浮出水面。布什总统在布拉格发表宣言:美国将"为所有国家打造一个新世界秩序,它比我们已知的更加稳定、更加安全"。然而四分之一个世纪过去了,在美国向全世界推行全球化、信息革命、民主化的不竭努力下,世界呈现出与布什总统的预言截然相反的面貌:世界经济低迷、地缘局势动荡、恐怖主义危机、文明之间摩擦不断……种种问题接踵而至,令整个世界都陷入了极度的恐慌之中。而美国国力的日渐式微,似乎无力再在其所建立的弱肉强食、丛林法则的世界秩序之中维持权威。

在当下这个纷乱的全球格局中,各国利益纽带日益巩固,但并没有导致国际社会的稳定;新技术的发展使人类实现了前所未有的信息同步化，但又催生了空前激烈的价值冲突；"国际秩序"这一概念的使用从未像今天这样广泛，但各国对国际秩序却没有一个清晰的共识；世界混乱无序，各国之间却又史无前例地相互依存。

透过历史的经验，我们可以确定的是，这是一个再次失衡的世界。美国战略界咄咄逼人地质问中国为何一再挑战"国际秩序"，但事实上，所谓"国际秩序"已经悄然发生改变。实际上，国际社会所担心的最大问题并不是"国际秩序"的改变，而是这种变化将为整个人类带来积极还是消极的变化，以及这种变化方式是否依然要以冲突和暴力流血为代价。这些问题需要我们审慎地进行思考。

第一节 世界大趋势：从暴力征服到合作时代

两次工业革命及伴随着两次工业革命的两次世界大战，在为全人类翻开新的历史篇章的同时，也为全人类带来了无法磨灭的伤痛。

新航路的开辟是大航海时代的标志事件，15到17世纪，欧洲的船队出现在世界各处的蓝色海洋上，寻找着新的贸易路线和伙伴，发展新生的资本主义。地理大发现产生了前所未有的巨大影响，欧洲与世界的经济、政治领导权不断更替。最初，地中海的权力和财富掌握在意大利城邦手中；随着君士坦丁堡的陷落，阿拉伯人开始称霸地中海；后来，葡萄牙与西班牙进行了环球航行，一跃而起；19世纪法、英、荷三国开始主导大西洋贸易，最终促使资本主义与工业革命在全球范围发展。

工业革命开始于18世纪60年代的英国，资本主义生产完成了从工场手工业向机器大工业的过渡，一系列技术革命引起了从手工劳动向机器生产的转变。随后工业化向整个欧洲大陆传播，进而传播至北美、亚洲以及世界其他地区。可以说，工业革命引发了全球范围内的人类命运改变，传统的庞大帝国如印度、中国等与南美、非洲、太平洋群岛上的小规模土著社会，都被工业革命带来的机器与殖民者纳入世界贸易与分工体系。

19世纪70年代，以电力为标志的第二次工业革命兴起，内战后的美国借第二次工业革命迅速崛起，形成了欧洲和北美两大世界工业体系。帝国主义发展的不平衡性和其占有殖民地的巨大差异，使新老帝国主义国家间的矛盾更加突出和尖锐，最终演变成第一次世界大战。一战后，欧洲元气大伤，以不稳定的凡尔赛-华盛顿体系的确立为标志，全球性的国际秩序达到了一个极为短暂的平衡。

20世纪20年代,德国重新崛起,日本、意大利的新兴以及法西斯主义思想的泛滥,冲破了这一不稳定的国际秩序,第二次世界大战爆发。英国无力再次主导战局,社会主义国家苏联快速崛起并与德国对抗,已具备了世界霸主实力的美国此时却持观望姿态,从战争中渔利。直到战争晚期,美国意识到大国崛起所应承担的新责任,领导资本主义国家并与社会主义国家联手反击法西斯联盟,这才结束了这场旷日持久的战争。

第二次世界大战之后,全新的国际秩序——雅尔塔体系形成,这个秩序在政治上建立并肯定了主权平等和民族自决的原则;在经济上创立了国际货币基金组织,世界银行和关税与贸易总协定(GATT),这诸多举措代表着其在促进全球经济发展上做出的努力。

然而正如前文所说,冷战之后,世界上并没有像美国所承诺的那般,变得更加稳定、更加安全。

20世纪下半叶,中国的快速崛起被学界、政界视为当代最为重要的地缘政治事件之一。中国的崛起不仅改变了中国的国内外整体状况,也进而改变了东西方关系。欧文-克拉维斯,这位美国经济学家在1981年首次提出采用购买力平价(PPP)的方法来衡量中国的经济规模。20世纪90年代后,一些国际组织逐渐采用购买力平价法来估算中国的经济实力。1995年,世界银行按购买力平价（PPP）的方法估算中国的国内生产总值（GDP）为3.8万亿美元，相当于美国国内生产总值的56%。据国际货币基金组织（IMF）估计，1997年中国国内生产总值（GDP）应在1.6万亿美元，这一数值相当于当年美国的23%。

随着中国国内的政治和社会稳定，经济发展较为迅速，大多数经济学家都对中国未来的经济发展前景持乐观态度。美国的"全面长期战略委员会"发表了《明确的威慑因素》报告，并进行预测：到2020年，中国的GDP将在世界排名第二。到2020年，世界银行前首席经济学家劳伦斯·萨莫斯认为中国可能超过日本和美国，进而成为世界上最大的经济强国。

从历史的经验来说，大国的崛起往往伴随着的是世界局势的动荡，我们也可以明显感知到全球范围内关于"中国威胁论"的声音从未间断。那么，中国的崛起，是否真的会像过往的大国崛起一样，引发全球性的动荡呢？

实际上，在当下的世界格局及全球化的世界模式之中，不单是中国的崛起，任何一个国家的崛起，都不再可能引发大面积的战争冲突。

第二次工业革命已经日薄西山是不争的事实，而第三次工业革命的曙光已经近在眼前。相较于第一次工业革命与第二次工业革命中均采用过的垂直结构和中央集权、自上而下的管理体制，第三次工业革命中的组织模式显然有着巨大的不同,它所采取的是扁平化结构,也就是说在工业分工秩序中发挥作用的不再仅仅是国际商业巨头,而是遍布全国、各大洲乃至全世界的数千个中小型企业组成的网络同国际商业巨头一起发挥着作用。

经济全球化是世界经济的大趋势,在这种经济大趋势中,国家的作用实际上是日渐衰微的。我们目前已经可以看到"泛大陆"的回归,"洲际化"已雏形初见。第三次工业革命的基础倾向点更多在于洲际市场、洲际政治联盟以及跨大洲的链接性。

提到"泛大陆"这个概念,科学界有这样的假说,在地球的初期,美洲和非洲同属于一个大陆板块,随着地壳的运动才最终分离。在 20 世纪 60 年代,地质学家对板块运动和大陆漂移理论探讨得十分热烈。科学家们达成的共识就是在 2 000 万年以前的中生代之前,地球上所有的大陆都属于同一块巨型大陆,这块大陆被称为"泛大陆"。地质学家相信,地壳板块的运动使得"泛大陆"开始分裂并漂移,最终形成了现在的分布形态。而现在,当下的世界局势让我们重新将这些大陆再次整合成一块单一的全球性大陆进行探讨,这就意味着"泛大陆"的回归。

第三次工业革命与新兴洲际市场和洲际治理联盟一起,开始在各大洲传播。欧盟就是最好的例子,它是第一个在第三次工业革命中进行过渡和转型的经济洲际和政治联盟。在亚洲、非洲和南美洲、东盟、非盟和南美国家联盟等洲际联盟已经出现了。在北美，北美自由贸易协定（NAFTA）可以在一定程度上视为洲际联盟的前身。尽管民族国家内的各级政府将不会在21世纪消失，甚至很有可能进一步加强，但是洲际联盟仍然提供了一个统一的洲际市场与政治仲裁机制，并为新兴的洲际性联盟在日后实现各大陆之间的相连提供了具体的规划。此举将可以为21世纪的全球贸易提供一个完美的地理空间。实际上，洲际化正在实现全球性单一大陆的回归，即将出现第二个"泛大陆"，而这次"漂移"的实现，却是人类之功。

正如互联网将全人类连接到一种分散、协作虚拟空间一样，第三次工业革命将人类连接到并行的泛大陆的政治空间。而这样的政治空间是什么？它是洲际市场和洲际治理的第三次工业革命基础设施的重点，具有着扁平化的组织特性和分散、合作和网络化的特征，洲际治理和全球治理也具有相同的特性。第二次工业革命的基础设施是垂直的，而组织形式是分层并集中的，所以单一世界政府的想法在逻辑上较为适用。当今的世界能源、通信基础设施具有节点性、相互依存和扁平化的特点，一个单一的世界政府的想法似乎与时代格格不入。网络通信方面，新能源和全球新兴的商业模式，将促进洲际和全球发展的网络化治理。

在近些年，欧盟和非盟建立了新型的伙伴关系，共同致力于第三次工业革命中的基础设施建设,这终将会使两个大陆"连接"起来。以"沙漠技术"为例,此项目预计造价将达到数千万美元,项目建成后可以通过连接非洲和欧洲的网络,利用撒哈拉地区的太阳能和风能发电到欧洲。据估计,到2050年,"沙漠技术"所提供的电能将会满足欧洲电力需求的15%。

同时,西班牙和摩洛哥一直在就连接欧、非两大洲的直布罗陀海峡隧道的可行性进行商讨。正如连接英国和欧洲大陆的海峡隧道一样,直布罗陀海峡隧道一旦建成,将实现人员和货物在欧、亚两大洲之间的自由流通,将两大洲整合到一个物流网络之中。

俄、美两国就白令海峡建设一条长约103公里的水下隧道问题的磋商也在进行之中。计划中所涉及的隧道项目会将西伯利亚和阿拉斯加连接起来,总投资额预计为100亿~120亿美元。该项目还包括修建一条连接欧亚大陆和美洲的高速铁路在内,这将极大地促进商业、贸易和旅游业的发展。此项目一旦建成,将实现从伦敦到纽约延伸扩展到全世界四分之三道路的陆地物流网络。

那些对将大陆连接起来的想法不屑一顾的人们,不妨回想一下苏伊士运河和巴拿马运河建成之前对它们的质疑。当时同样面临着技术等方面的挑战,更不要说巨额的成本,这都引发了对它们强烈的质疑。但与建成后所带来的巨大收益相比，所有问题都可以忽略不计。

贯通埃及、连接地中海和红海的苏伊士运河为欧亚提供了交通的便利，而无须绕道非洲的好望角。苏伊士运河全长约163公里，1859年开始建设，耗时10年最终完成。一共约有150万人参加了运河的建设，数千人为此献出了自己的生命。

19世纪80年代法国人最先开始了开凿巴拿马运河的尝试，但随即就放弃了。随后美国人接管了运河工程，并最终完成。巴拿马运河横贯中北美洲，连接太平洋和大西洋，使船只免受穿行南美洲最南端的麦哲伦海峡之苦。美国于1904年开始修建巴拿马运河，并在1914年完工，而巴拿马运河的建成也夺取了5 609名劳工的生命。

如今，从工程的角度而言，连接大陆的尝试所面临的挑战依然十分巨大，但其所带来的商业利益也是无穷的。除不可见的因素外，在21世纪中叶之前，各大洲会通过第三次工业革命的基础设施再度连接在一起，为统一的"泛大陆"的回归铺平道路。跨大洲的、彼此连接的生存空间将使我们对空间重新定位。在一个日渐统一的全球化的社会中，人们开始把自己视为地球有机体系中不可分割的一部分。

如果说，曾经的文明演化路径具有单一性，那么现代科技创造了文明演化的多重技术解决方案。可以肯定的是，人类将要进入的是一个合作的时代。

第二节　为世界许诺一个更美好的未来：迈向人类命运共同体

实际上，人类命运共同体并不是一个横空出世的新概念，而是生活在一个星球上的所有人，无论自觉与否，都将构成社会的整体命运感。和谐共存，共同繁荣，是人类社会古老的梦想。然而，从土地/农业文明到历史悠久的海洋/工业文明，梦想只是一个梦想。

第三次工业革命改变了我们的关系，以及在个人与他人上对于责任的看法，我们开始用集体的思维方式进行思考。在各种洲际化的合作共同体中分享共用着地球上的可再生能源，便会很自然地形成新的种族认同。这个新的互联生态圈的嵌入式意识的觉醒，使得追求生活质量成为一个新的梦想，特别是在新的一代。

美国梦长久以来被视为激励人民向上发展的金科玉律，其生产与发展内嵌于启蒙传统之中，强调对个人物质利益、联系和相互依赖进行新的理解和定位。我们已经认识到，真正的自由不是构建一个排斥别人的孤岛，它存在于与他人的近距离接触之中。如果自由只是个人生活的最佳状态，那么其衡量方式就是个人拥有的财富的多寡、财富的多样性和个人社会联系的力量。一个人的生活状态越稳定，生活也就越缺乏活力。

对于生活质量的梦想只能让大家体验。鼓励"独"的生活方式是不可能使得生活质量提高的。没有大家在共同体内的积极参与，无法实现生活质量的提升。每个成员都需要有高度负责的意识，不让任何一个人在追求的过程中掉队。

同一个世界，同一个梦想。虽然人类生活在一个有着不同文化、种族、肤色、宗教及社会制度的世界内，但都同样有着对于幸福生活和理想社会的渴望。随着人类命运共同体的形成，人类社会的价值和利益交叉共同点越来越多，对于长期和平、共同繁荣的追求已成为各族人民的共同梦想。

然而，自20世纪80年代以来，全球发展并不像我们所梦想的那般乐观，全球经济发展愈发不平衡，贫富悬殊的鸿沟日益加大，世界文明冲突的导火索被点燃。人类亟待一份解决方案，一份通过对话、交流、互鉴、包容和融合等方式和平解决的方案。

在这种情形下，中国作为一个崛起中的新兴大国，向世界发出了自己的声音，提供了中国的解决方案。

2015年9月28日，习近平主席在第七十届联合国大会一般性辩论时发表《携手构建合作共赢新伙伴　同心打造人类命运共同体》的讲话，这是习近平第一次在联合国讲坛系统阐述人类命运共同体的内涵和途径，也是迄今为止对人类命运共同体做出的最为系统和详尽的阐述。由此可知，人类命运共同体是针对当前国际社会中存在的诸多问题做出的新回答，致力于构建一种开放型的经济体系。

显然，这一区域合作架构和开放型经济体系并非一种正式的国际秩序，而是一种非正式、不成文的区域合作观念和合作路径。在中共十八大报告中，"命运共同体"就作为一种合作共赢的观念而被明确提出来，"合作共赢，就是要倡导人类命运共同体意识，在追求本国利益时兼顾他国合理关切，在谋求本国发展中促进各国共同发展，建立更加平等均衡的新型全球发展伙伴关系，同舟共济，权责共担，增进人类共同利益"。

2015年5月18日，《人民日报》发表国纪平的文章《为世界许诺一个更好的未来——论迈向人类命运共同体》，更是从哲学和价值观的高度对命运共同体进行了全面的梳理和解释，认为人类命运共同体交融于实现中华民族伟大复兴的中国梦，体现于以合作共赢为核心的新型国际关系，蕴涵于中国坚持的正确义利观，是一份思考人类未来的"中国方略"。

人类命运共同体是在人类共同价值基础上的以自由贸易为特

征的国际政治、经济新秩序，是对后全球化的扬弃和超越，也是人类伟大的、美好的愿景。进入后全球化时代，世界上的利益更紧密地联系在一起，形成了相互依存的命运共同体，但由于以促进自由贸易为特征的国际经济秩序和各国政府的政策范式向限制这些流动的方向转变，进而中断了原有国际治理的机制与平衡，使国际社会不是走向安宁与和平，相反出现纷扰与不可预测性。今天的世界许多问题都不再局限于一个国家，许多挑战已不能单纯靠一个国家的力量便足以对付，而是需要更多的国家通过共同努力来应对。因此，作为生活在同一个地球的我们，应该牢固树立命运共同体的意识，同心打造人类命运共同体。也就是说，我们应该专注于人类文明的进步，而不是人类文明中某一部分的进步，我们应树立和平、发展、合作、共赢的理念，以超越不同国家、种族、文化和宗教的隔阂与冲突，更为强调风雨同舟、命运共担的理念。打造人类命运共同体，这种前瞻性的思维是中国国际秩序观念的创新，以及对国际秩序和对联合国宪章原则的继承和发展。它为国际关系发展提供了一个新的理念，并打开了新的前景。其要义是，所有参与者都能分享全球化的益处，世界各国各区域都能共同发展和共同繁荣，利益和资源平均分配，人权和生存有保障，世界各国相互尊重，共享科技创新成果，推动可持续发展，各国优秀文化相互包容、公平有序、游戏规则共同制定。

中国今天推出的以高铁引领的大交通战略和"一带一路"倡议是推动世界从后全球化走向人类命运共同体建设的重要支持。在推动新丝绸之路建设的过程中,中国积极通过在基础设施和贸易、金融、市场、货币、人文等领域的互联合作促进形成命运共同体的意识,从而促进中国与周边国家在利益获取方面的互利互赢,进而形成国家和地区间不可分割的命运共同体状态。可以说,人类命运共同体不仅是"一带一路"的建设目标,也是事关中国国家前途和发展道路的重大战略选择。人类命运共同体的主要内涵包括三个层面:一是利益共同体,二是情感共同体,三是责任共同体。由此可见,人类命运共同体这一战略构想不仅反映了中国的利益诉求,更考虑到世界各国和区域的利益与愿望。那么,如何建立和打造人类命运共同体呢?

首先,人类命运共同体是精神身份和合作体系的统一。精神共同体更为强调人类精神生活之间的相互关系,共同体内的认同程度是最重要的衡量指标。其中既涵盖了对于空间的认同,以及基本价值观(对于生存发展的看法)的认同,亦包括对于该地区常见问题和挑战的认同。合作共同体强调人类活动的相互关系,这是人类基于后期工业和全球可持续发展所做出的必然选择。其中,系统作为人与国家关系协调统一的原则、规则、规范程序的共称,对建立合作共同体极其重要。因此,人类的命运共同体是精神共同体和合作共同体的有机统一，也是身份和制度的统一。这是从思想与存在之间的关系来理解人类命运共同体作为一个具有特殊内涵的人类群体活动，抓住其体系中的精神认同和实践中的制度是判断人类命运共同体能否建立的基础。

第二，人类命运共同体是利益共同体、责任共同体和命运共同体的有机融合。利益共同体重在解决经济问题，实现互利双赢。责任共同体旨在解决安全隐患，实现安全共通。命运共同体着重于解决民生问题，实现社会共同发展。在三者的关系中，利益共同体是命运共同体的基石，责任共同体承担其稳定发展的安全责任，命运共同体承载了人类共同体发展的理想。人类命运共同体的建设，体现了从利益共同体发展到责任共同体，延伸至命运共同体的阶段性特征。这是从人类活动的三个基本领域来了解人类命运共同体的内涵，强调人类命运共同体内涵的不同属性，有助于把握人类命运共同体的阶段性推进。

第三，人类命运共同体是相互依存的权力观念、共同利益观念、可持续发展、全球治理观念的统一。相互依存的权力观营造了缓和的国际形势，利用权力能够创立一种机制，协调利益关系，并维护和规范这种关系。共同利益观是指中国充分认识自己和世界其他地区的利益是互相融合且能够相互传导的，并在此基础上，推进人类命运共同体建设。可持续发展观是指中国在涉及环境与减贫等人类可持续发展方面承担着更大的责任。全球治理观是指中国在全球范围内,利用建设机制的手段解决全球性问题,并且推进国际秩序的发展。这是根据人类集体行动的意义价值来理解人类命运共同体的含义。中国倡导人类命运共同体预示一种全球价值观的形成,这种全球价值观以人类共同挑战为目的,并且能够适应人类整体发展的趋势,是一种全新的价值观。

第四,"人类命运共同体是共同发展、合作互信、开放包容、文化互鉴、和衷共济所构建的系统工程。包括以共同发展为核心要义,以合作互信保障环境安全,以开放包容的心态推进机制建设,以文化互鉴互通凝聚理念共识,以和衷共济强化感情纽带。"这是从人类的政治、经济、安全、社会等领域对人类命运共同体的解释。①

第三节 中国方案:"一带一路"倡议

2013 年 3 月,"一带一路"倡议的提出者中国国家主席习近平在莫斯科国际关系学院发表演讲,提出:"这个世界,各国相互

---

① 刘传春."一带一路"战略的质疑与回应——兼论人类命运共同体构建的国际认同. 石河子大学学报:哲学社会科学版,2016(1).

联系、相互依存的程度空前加深，人类生活在同一个地球村里，生活在历史和现实交汇的同一个时空里，越来越成为你中有我、我中有你的命运共同体。"

"丝绸之路经济带"主要有三个走向，一是从中国出发，经中亚、俄罗斯到达欧洲；二是从中国出发，经中亚、西亚至波斯湾、地中海；三是从中国出发，到东南亚、南亚、印度洋。"丝绸之路经济带"是中国和亚洲其他国家之间的经济桥梁。它连接了经济快速发展的亚太经济圈和发达、经济繁荣的欧洲经济圈。这将逐步形成以点带面、从线到片，扩大区域合作的局面。沿途经过的各国人口众多，市场庞大。打造"丝绸之路经济带"将为沿线地区和国家带来巨大的发展机遇。"丝绸之路经济带"涵盖范围广泛，在地理上面向中亚、南亚、西亚和东南亚地区，而中亚无疑是重中之重，两条线路均涉及中亚。中国和中亚应坚持几代人传承下的友谊，加强沟通协调，坚持走历久弥新的新兴和平发展的道路，共同构建一个和谐的区域。要坚持相互支持，维护国家主权和领土完整，打击"三股势力"，为民生和经济发展创造良好的环境。中国与中亚国家的发展正面临着千载难逢的机遇，这就更需要双边不断增进互信，巩固友谊，加强合作，促进共同发展和繁荣。

"21世纪海上丝绸之路"的重点方向有两条,一是从中国沿海港口过南海到印度洋,延伸至欧洲;二是从中国沿海港口过南海到南太平洋。广义上的"21世纪海上丝绸之路"是一个极具包容性的概念,除了中国与东南亚、南亚、西亚和东非国家的联系以外,还包括了从中国沿海的港口出发与世界其他各国建立的各种海上贸易要道,比如中国与大洋洲、北美洲和拉丁美洲之间的联系。东南亚地区从古至今就是海上丝绸之路的咽喉要道,所以也将会成为"21世纪海上丝绸之路"的首要发展对象。

不难看出,人类命运共同体不仅是"一带一路"的理想愿景和建设目标,也是中国对世界前途和中国道路的一种战略判断和战略选择。"人类命运共同体"决定着当前和今后中国将高举和平、发展、合作、共赢的旗帜,走一条与其他国家互利共赢的发展道路,坚定不移致力于维护世界和平、促进共同发展。从这一意义上来说,"一带一路"是一条通往"人类命运共同体"之路。"一带一路"不过是特定历史发展阶段中国道路的一种实现形式,是中国道路在欧亚非和南太平洋地区范围内打造利益共同体、命运共同体和责任共同体的伟大实验,它看重的是通过推动更大范围、更高水平、更深层次的大开放、大交流、大融合,走出一条互尊互信之路,一条合作共赢之路,一条文明互鉴之路。

一、安全层面

"一带一路"的建设涉及中国周边的两个重要地区,无论是在接壤中国内陆地区的中亚地区,还是在毗邻中国海域的东南亚地区,中国与这两个地区国家之间的关系,在维护地区和平与稳定方面具有非常重要的意义。中国与中亚地区有着密切的关系,特别是中国的边境地区在贸易、宗教和安全方面受到中亚和周边国家的影响。中亚,作为整个"丝绸之路经济带"的核心区,它的稳定与否密切关系到中国的安全、稳定和发展。在既有环境中有许多因素影响中亚地区的稳定,包括在该地区外的大国势力渗入,以及长期存在的影响中亚地区稳定发展的特定历史因素。首先,由于其具有极其丰富的矿产资源、油气资源和独特的地缘优势,一些地区外大国继续加强其在中亚地区的控制力和影响力。一方面,阿富汗战争以后美国在中亚地区积极建立以本国为主导的地区安全体系,并且在中亚地区建立了多个军事基地,将美国的势力扩展到欧亚大陆的心脏地区。而另一方面,俄罗斯为了维护自己的战略生存空间也努力保护它在中亚地区的优势地位,利用自身的历史、文化、政治、经济、地理等方面的突出优势保持在中亚的最大影响力。其次,中亚地区的民族和宗教关系十分复杂,天然资源虽丰富,但分布不均。"资源战争""三股势力"和跨国犯罪交织在一起,长期以来影响到中亚地区的发展和稳定。

在"丝绸之路经济带"的建设过程中,一方面,中国的快速发展可以使中亚地区受益,促进当地的发展,加强中亚国家与大国抗衡的力量和筹码;另一方面,中国能为中亚国家打击"三股势力"、跨国犯罪和其他活动提供帮助和支持。中国与"21世纪海上丝绸之路"上的一些国家在领土主权上存在争端,如中国南海岛屿和领海争端问题。"一带一路"的战略构想,目的在于通过中国与东盟国家之间的政治和文化合作消除主权领土争端引发的政治信任缺失,达成政治谅解与合作,为日后的发展提供良好的内外部政治环境。随着中国经济的发展以及经济全球化的推进,中国与周边国家有着更频繁的交流以及越来越密切的联系,这就使得贸易往来中产生的争端和纠纷增加,这也将影响到中国的地缘政治局势。

中国近年在发展的过程中对全球资源和世界各地的经贸往来依存度不断加强。为了维护国家利益,中国将不可避免地扩大其海外市场,而中国近年来的崛起速度加快已引起其他国家,特别是邻国的恐惧和忧虑。尤其是在东南亚,中国和一些国家在南海上存在领土和岛屿争端,以美国为代表的西方强国在中国南海问题上不断插手，干预别国内政，制衡中国。但是东南亚地区对于中国的能源安全形势来说是非常重要的，以有"工业血液"之称的石油为例，2012年中国的石油对外依存度已经达到58%，而大部分的进口原油主要依靠海上运输，其中有五分之四的原油进口需要通过印度洋-马六甲海峡线，形成了"马六甲困局"，对中国的能源安全造成严重影响。为了缓解中国经济发展的能源安全困境，中国迫切需要建立一个能够覆盖中亚等地区的"丝绸之路经济带"。一方面，它可以通过中亚国家连接中东地区，减少对海洋石油运输的过度依赖，在另一方面，中亚地区有着丰富的能源资源，可以专注于中亚地区的开发，特别是里海及其附近地区的石油和天然气资源，这就可以使得我国的原油进口地并不局限于政治局势动荡的中东和非洲地区，以保证原油供应的多元化。例如中国在巴基斯坦努力建设的中巴经济走廊，中巴经济走廊约3 000公里，始于中国新疆喀什，以巴基斯坦瓜达尔为终端。目的在于建设公路、铁路、石油和天然气管道及电缆管道的全面贸易走廊，进一步加强中国与巴基斯坦的互通互助，促进两国共同发展。特别是中巴经济走廊上瓜达尔港的建设，不但可以优化中国的能源进口方式，避开马六甲海峡，使石油和天然气资源可直接运到中国的西南部，还大大降低了对于尚在建设中的中国-缅甸石油天然气管道的依赖性。中国-巴基斯坦经济走廊在"一带一路"的建设中起着重要的指导作用和示范作用。除了"丝绸之路经济带",中国还应该积极打造"21世纪海上丝绸之路",在合作中互惠互利,发展与东南亚各国的友好关系,保证我国原油进口中最重要的运输线路畅通。

二、经济层面

由于地理位置和改革开放的程度等多方面原因,中国的东部和西部地区的经济发展水平有很大的不同。广袤的中西部地区的经济发展较为缓慢,人民的整体生活水平低下,在收入分配上与东部沿海地区的差距较大。中国的西部地区聚集了较多少数民族,当地政府必须大力发展经济,提高当地居民的整体生活水平,增强民族的凝聚力,保证少数民族地区的稳定和发展。"丝绸之路经济带"的建设,始于中国的中西部地区,致力于加强与中亚各个国家的经贸往来,促进双边共同发展,这也为中西部地区的经济发展提供了契机。中国经济的快速发展,部分原因是中国经济积极融入全球化,与此同时中国经济的发展形势越来越多地受到国际经济整体形势的影响。2009年,中国成为世界第一大出口国。2010年,中国成为世界第二大经济体。2012年,中国外贸达到

38 700亿美元，超过美国的38 300亿美元，成为世界第一大货物贸易体。

然而，中国的对外经贸往来地域分布不均匀，外贸通道单一，并且主要依赖海上交通。"目前在货物贸易中，进出口总额87.4%、出口额86.8%、进口额88%集中在东部沿海地区（从辽宁到广东沿海一带），尤其是68.1%、62.4%、73.1%分别集中于上海、江苏、浙江、福建、广东五省市。""一带一路"倡议，特别是"丝绸之路经济带"旨在加强与中亚、西亚、南亚国家之间的交流合作，特别是中巴经济走廊建成之后，中国中部和西部地区的商品物资可通过中巴经济走廊到瓜达尔港直接入海运输，从而节约运输费用。

"一带一路"的建设为中国西部对外贸易和投资提供了新的机遇，推动了西部地区对外贸易的发展，从而促进了中国西部地区经济贸易的发展，进而可以平衡中国的对外贸易区域格局。随着"一带一路"倡议的实施，中国与"一带一路"附近相关国家，努力消除贸易壁垒，通力开展贸易合作。中国不仅可以输出廉价物美的日用品，还可以向世界提供更多的技术和制造设备的器材。中国的基础设施相关行业都处于产能过剩的状态，急需一个广阔的市场空间。然而国内经济已进入一个新的常规状态，处于高速增长转型到中速增长的关键时期。这就使得相关产业的过剩产能将很难自行消化,"一带一路"倡议为消化国内产能过剩提供了新的有效途径。"一带一路"沿线上多是正处于发展上升期的发展中国家,在公路、铁路、建材等中国传统优势行业的需求较大,因此中国可以充分发挥自己的优势,在这些领域加强贸易和投资。以中国与哈萨克斯坦的合作发展为例,两国签署了会议纪要,初步确定了63个项目清单,这其中就包括钢铁、水泥、矿山、化工等行业领域,这将有助于缓解中国的产能过剩,促进中国的经济结构调整。中国方面强调,"一带一路"是一条互惠互利的道路,有关国家间的经济合作加强,各自优势互补,这不仅为中国带来了新的发展机遇,也为沿线国家创造了新的经济增长机会和就业增长点。虽然沿线各国之间的资源分配差异明显,但各国可以根据自己的国情制定行之有效的发展计划,充分发挥自身优势,在沿线国家之间实现优势互补。中国已经沿着"一带一路"与大多数国家建立了双边合作机制。例如在农业领域,李克强总理提出的用中国的高速铁路建设和泰国大米交换的提议,这既有利于维护中国的粮食安全,也能促进泰国的相关设施建设。而在能源方面,我国与西亚各国加强双边合作,这不仅满足了我国的能源需求,缓解了我国的能源压力,也为西亚地区提供了制造业所需材料、轻工产品和工业制成品，满足了西亚地区产业发展的需要。另外，人民币已成为"一带一路"沿线国家及周边国家和地区在经贸往来中的主要结算货币，特别是在东南亚地区，人民币已显示出良好的可接受性，这将在很大程度上推动人民币的国际化。

三、文化层面

中国古代的丝绸之路起源于秦汉时期，包括海陆两条渠道。古老的丝绸之路不仅使城市与城市之间、国家与国家之间相互联系，更重要的是，它建立起了不同文化沟通交流的桥梁，促进了多元文化的相互融合，促进了文化繁荣发展。中国是四大文明古国之一，有着丰富的文化底蕴，历史悠久的华夏文明通过丝绸之路传入毗邻各国，对当地文明的发展起到了重要的推动作用，同时也加强了亚洲、非洲和欧洲各个国家的交流和联系。中国的"一带一路"发展战略，继承并发展了古丝绸之路在经济、贸易等领域的优秀传统，同时给予丝绸之路时代化的内涵，为国家之间的交流提供了一个更为广阔的平台。"一带一路"将促进沿线国家和地区的科技资源共享。以欧洲为例，欧洲城市化进程中的建设经验、生态技术、精密制造产业等都为我们提供了很多值得学习和借鉴的地方，但目前中国引进欧洲的先进技术和优秀人才还是有很多障碍,"一带一路"为中国和欧洲的技术交流与合作提供了较为良好的发展空间。

"一带一路"涉及较多国家,宗教信仰的多样性有助于宗教文化和思想文化在沿线的国家传播。"一带一路"倡议通过经贸合作,从而促进宗教文化的传播,必将在各民族宗教文化的碰撞与融合中发挥出重要作用。与此同时,中国传统的儒家思想可以借助"一带一路"的建设向沿线国家传播,传扬中国在历史对外交往活动中一贯坚持的平等友好、互惠互利的主旋律,让中华民族优秀传统文化更好地走向世界。"一带一路"在促进沿线国家经济交流中也将促进欧亚大陆文明的多维融合,倡导多元文化共存的新格局有助于重现古丝绸之路文明共生共荣的盛景。

无论是古代海上丝绸之路还是陆上丝绸之路,所推动的皆是国家间、文化间不断交融的过程。在如今 21 世纪的发展新纪元里,中国再次提出有关丝绸之路的新设想,主张建立"丝绸之路经济带"和"21 世纪海上丝绸之路",这一畅想一经提出便获得了大多数国家的支持。在构建"一带一路"的过程中,我们要坚持和平共处五项基本原则,处理好与沿线各国的关系,坚持走和平、友好、互利的新道路。让不同国家的传统文化在交流和碰撞中发挥各自的作用。促进文化交流的方式大致可以分为两个层次:政府和民间交流。在政府层面，主要包括国家之间的沟通和协调以及相关政策的制定，为民间交流提供更为便利的条件。中国政府一贯重视自身文化的发展和不同文化间的交流与融合，曾与法国、意大利、西班牙、俄罗斯、英国、美国等国家多次互办"文化年"，向其他国家展示中国悠久的传统文化和当代文化特色。同时也吸收其他国家的先进文化，加深各国人民的相互了解，并在国家间友好关系的建设中起到重要的作用。民间交往的主要形式是各国民间组织的联系，包括青年交流、医疗卫生人才交流、学者交流等，并在教育、医疗和学术研究等方面不断促进人文交流。文化交流与合作的发展是促进经济合作的重要前提和基础，有必要充分发扬古丝绸之路的文化内涵，探索相同或相似的历史文化遗产，加强国家之间的文化认同感，通过一系列文化交流建立国家和地区间沟通合作的桥梁。与此同时，为了更好地促进不同文化的交流与融合，还要注意加强文化交流平台的建设，例如希腊原教育部部长所提议建立的"丝绸之路文化之都"项目。该项目建议每年由一个丝路沿线国家组织举办文化活动，规范化运作，采取以市场为导向的模式，涉及领域包括科技、文化、教育、展览等方面，其他国家进行定期评估，并由此建立起文化沟通的长效机制。

无论是"中国梦"的提出,还是"一带一路"的倡议,中国不仅是人类命运共同体理念的积极倡导者,更是人类命运共同体的积极实践者。说到底,"一带一路"是通往人类命运共同体之路,而"一带一路"所承载的是有着数千年历史的中华文明,推进"一带一路"的建设过程也必将是实现中华文明伟大复兴的历程。在新的实践探索中,古老的中华文明之精神必将与时代潮流和多样化的国情相结合,它不是简单地复兴古老的文明,而是在与"一带一路"沿线不同文明兼容并蓄、交流互鉴中获得新的发展动力和活力,在新的时代创造性地转化和提升,最终成为一种具有世界吸引力和竞争力的伟大文明。

参考文献

[1] 白永秀，王颂吉. 丝绸之路经济带的纵深背景与地缘战略[J]. 改革，2014（3）.

[2] 陈伟光. 论21世纪海上丝绸之路合作机制的联动[J]. 国际经贸探索，2015（3）.

[3] 冯宗宪. 中国向欧亚大陆延伸的战略动脉——丝绸之路经济带的区域、线路划分和功能详解[J]. 人民论坛学术前沿，2014（4）.

[4] 郭明，冯义强. 浅析如何落实"一带一路"重大战略[J]. 长春教育学院学报，2015（8）.

[5] 胡鞍钢，马伟，鄢一龙."丝绸之路经济带"：战略内涵、定位和实现路径[J]. 新疆师范大学学报：哲学社会科学版，2014（4）.

[6] 何义霞."丝绸之路经济带"：战略考量、前景展望与建设思考[J]. 当代世界与社会主义，2014（4）.

[7] 孙壮浩. 中亚新格局与地区安全[M]. 北京：中国社会科学出版社，2001.

[8] 唐国强. 亚太与东亚区域经济一体化形势与建议[M]. 北京：世界知识出版社，2013.

[9] 甘均先. 中美印围绕新丝绸之路的竞争与合作分析[J]. 东北亚论坛，2015（1）.

[10] 王玉主. 东盟40年：区域经济合作的动力机制（1967—2007）[M]. 北京：社会科学文献出版社，2011.

[11] 郑志来. "一带一路"战略与区域经济融合发展路径研究[J]. 现代经济探讨，2015（7）.

[12] 何天时. 地缘经济视野下的中国"一带一路"战略构想[J]. 理论学习，2015（1）.

[13] 杨鸿玺. 美国中亚战略20年螺旋式演进[M]. 北京：社会科学文献出版社，2012.

[14] 张德广. 中亚区域合作机制研究[M]. 北京：世界知识出版社，2009.

[15] 卫志民. "一带一路"战略：内在逻辑、难点突破与路径选择[J]. 学术交流，2015（8）.

[16] 陈聪. 2015"一带一路"奏响新华章[J]. 中国中小企业，2015（3）.

[17] 崔莉萍. 基于"一路一带"推动中华文明在欧亚大陆的再传播[J]. 新闻大学，2014（5）.

[18] 王敬文. "一路一带"打开筑梦空间[J]. 中国外资，2014（10）.

[19] 周刚. "一带一路"开启合作共赢新模式[N]. 深圳商报，2015-12-17.

[20] 张鑫. "一带一路"构建国际合作新模式[N]. 中国社会科学报，2015-08-27.

[21] 薛力. 美国再平衡战略与中国"一带一路"[J]. 世界经济与政治，2016（5）.

[22] 郭万超. "一带一路"开创大国崛起新模式[J]. 人民论坛：学术前沿，2016（7）.

[23] 霍建国. "一路一带"战略构想意义深远[J]. 中国外资，2014（10）.

[24] 蒋希蘅，程国强. 国内外专家关于"一带一路"建设的看法和建议综述[J]. 中国外资，2014（10）.

[25] 孟晓驷，等."一带一路"：开放、合作与共赢[J]. 求是，2015（10）.

[26] 柳江，范俊，程锐，等."一带一路"战略的合作、互利、共赢研究[J]. 黄河科技大学学报，2015（5）.

[27] 尹响，杨继瑞. 我国高端装备制造产业国际化的路径与对策分析[J]. 经济学家，2016（4）.

[28] 麦金德. 陆权论[M]. 北京：石油工业出版社，2014.

[29] 斯皮克曼. 边缘地带论[M]. 北京：石油工业出版社，2014.

[30] 王志民."一带一路"战略的地缘经济政治分析[J]. 唯实，2015（4）.

[31] 中国大百科全书（政治学）[M]. 北京：中国大百科全书出版社，1992.

[32] 张江河. 对地缘政治三大常混问题的辨析[J]. 东南亚研究，2009（4）.

[33] 王树亮，童睿宗."一带一路"战略的地缘政治价值考量[J]. 中共南宁市委党校学报，2016（1）.

[34] 胡鞍钢，周绍杰，等. 重塑中国经济地理：从 1.0 版到 4.0 版[J]. 经济地理，2015（12）.

[35] 毛泽东. 毛泽东文集：第七卷[M]. 北京：人民出版社，1999.

[36] 王绍光，胡鞍钢. 中国：不平衡发展的政治经济学[M]. 北京：中国计划出版社，1999.

[37] 马凯. 中华人民共和国国民经济与社会发展第十一个五年规划纲要辅导读本[M]. 北京：北京科学技术出版社，2006.

[38] 张平. 中华人民共和国国民经济与社会发展第十二个五年规划纲要[M]. 北京：人民出版社，2011.

[39] 国家发展和改革委员会. 全国主体功能区规划[M]. 北京：人民出版社，2015.

[40] 卢锋，李昕，等. 为什么是中国？——"一带一路"的经济逻辑[J]. 国际经济评论，2015（3）.

[41] 胡鞍钢. "一带一路"——一场经济地理革命[J]. 财经界，2015（7）.

[42] "一带一路"+"欧亚经济联盟"两大战略俄媒怎么看？[EB/OL]. http：//www.dragonnewsru.com/news/rc_news/20150624/ 15908_2. html.

[43] 许元荣，郑妮娅. 日本怎么看待中国"一带一路"

[EB/OL]. http://business.sohu.com/20150811/n418781195.shtml.

[44] 甘均先. "一带一路": 龙象独行抑或共舞?[J]. 国际问题研究, 2015 (4).

[45] 刘文波. "一带一路"战略构想的地缘政治分析[J]. 天津师范大学学报: 社会科学版, 2016 (1).

[46] 刘红. "一带一路"战略发展机遇与风险论析[J]. 人民论坛, 2015 (10).

[47] 杨思灵. "一带一路"倡议下中国与沿线国家关系治理及挑战[J]. 南亚研究, 2015 (2).

[48] 马丽蓉. "一带一路"与亚非战略合作中的"宗教因素"[J]. 西亚非洲, 2015 (4).

[49] 刘华芹. "一带一路"战略背景下企业走出去的前景与路径选择[J]. 对外经贸实务, 2015 (8).

[50] 蒋姮. "一带一路"地缘政治风险的评估与管理[J]. 国际贸易, 2015 (8).

[51] 凌胜利. "一带一路"战略与周边地缘重塑[J]. 国际关系研究, 2016 (1).

[52] 刘江永. 海陆和合论:"一带一路"可持续安全的地缘政治学[J]. 国际安全研究, 2015 (5).

[53] 孙存良, 李宁. "一带一路"人文交流:重大意义、实践途径和建构机制[J]. 国际援助, 2015 (2).

[54] 刘宝存. "一带一路"中教育的使命与行动策略[J]. 神州学人, 2015 (10).

[55] 王少鹏. "一带一路"战略与跨文化交流[J]. 陕西行政学院学报, 2016 (5).

[56] 董鸿英, 熊澄宇. 大格局中的丝绸之路文化产业发展:历史与当代的视角[J]. 中国文化产业评论, 2015 (2).

[57] "一带一路"战略带来中国教育新机遇[N]. 中国教育报, 2015-10-10.

[58] 吴忠. 在"一带一路"战略实施中推动中华文化走出去. 光明网, 2015-08-18.

[59] 贺鉴, 宫高杰. "海上丝绸之路"战略下中国海洋权益的维护[J]. 湘潭大学学报:哲学社会科学版, 2015 (7).

[60] 曹文振, 胡阳. "一带一路"战略助推中国海洋强国建设[J]. 理论界, 2016 (2).

[61] 李光辉. "一带一路"战略对中国经济的重要意义[J]. 紫光阁, 2015 (6).

[62] 龙之飞将. 不是每个时代, 都有这样的机会[J]. 汽车商业评论, 2015 (4).

[63] 杨善民. "一带一路"环球行动报告 (2015) [M]. 北京: 社会科学文献出版社, 2015.

[64] 科林·弗林特, 张晓通. "一带一路"与地缘政治理论创新[J]. 外交评论, 2016 (3).

[65] 王志远. "一带一路"的历史地理及其当代价值[J]. 欧亚经济, 2016 (3).

[66] 张勇. 略论 21 世纪海上丝绸之路的国家发展战略意义[J]. 中国海洋大学学报: 社会科学版, 2014 (5).

[67] 赵华胜. 丝绸之路经济带的关注点及切入点[J]. 新疆师范大学学报: 哲学社会科学版, 2014 (3).

[68] 习近平在纳扎尔巴耶夫大学的演讲[EB/OL] [2013-09-07]. http://news.xinhuanet.com/world/2013-09/08/c_117273079_2.htm.

[69] 金中夏, 袁佳, 张薇薇. TPP 对中国的挑战及中国的选择[J]. 外国经济与管理, 2014 (6).

[70] 全毅，汪洁，刘婉婷. 21世纪海上丝绸之路的战略构想与建设方略[J]. 国际贸易，2014（8）．

[71] 马媛. 中亚国家经济发展情况分析[J]. 中亚信息，2014（2）．

[72] 楼春豪. 21世纪海上丝绸之路的风险与挑战[J]. 印度洋经济体研究，2014（5）．

[73] 冯爱琴. 中巴经济走廊是"一带一路"建设的重要一环[J]. 中国社会科学报，2015-04-20：A01.

[74] 杨伊慧. 论"一带一路"建设给中国带来的经济机遇[J]. 经济视野，2015（6）．

[75] 薛东前，石宁，段志勇，等. 文化交流、传播与扩散的通道——以中国丝绸之路为例[J]. 西北大学学报：自然科学版，2013（10）．

[76] 赵可金. 通向人类命运共同体的"一带一路"[J]. 当代世界，2016（6）．